돈의
패턴

부자의 나침반
1

돈의
패턴

60년 투자경험과 데이터로
돈의 흐름을 밝혀낸 가치투자법

짐 쿨렌 지음 | 최윤영 옮김

동양북스

최고의 투자는

'투기'가 아니라

'사실'에 근거한 투자다.

_벤저민 그레이엄Benjamin Graham

가치투자!

워런 버핏, 찰리 멍거, 피터 린치, 조엘 그린블라트 등을 부자로 만든 가치투자!

수많은 사람이 가치투자를 시도하고 있는데,

사실 성공한 사람들이 그렇게 많은 것 같지는 않다.

왜 그럴까?

한마디로 가치투자는 어렵기 때문이다!

심지어 가치투자의 제왕인 워런 버핏도 본인은 지극히 일부 기업의 가치평가만 할 수 있으며, 나머지 기업들은 평가가 불가해서 투자 대상에서 제외한다고 밝힌 바 있다.

우리 같은 개미 투자자들이 제대로 기업의 가치평가를 못 하고, 따라서 가치투자를 잘하지 못하는 것은 당연할 수밖에 없다!

가치투자의 창시자 벤저민 그레이엄은 《증권분석》과 《현명한 투자자》를 썼을 때 이를 염두에 둔 것이 틀림없다. 그는 '일반인도 할 수 있는' 가치투자를 위해 누구나 따라 할 수 있는 전략을 만들었다.

그의 NCAV 전략이 대표적인 사례다.

그는 시가총액이 청산가치(유동자산 – 총 부채)의 2/3 이하인 기업의 주식에 분산 투자하면 장기적으로 연 복리 20% 이상 벌 수 있다고 장담했으며, 《현명한 투자자》에서 '방어적 투자자'를 위해 다음과 같은 주식을 사라는 룰을 제시하기도 했다.

1. 소형주가 아닌
2. 유동비율이 2 이상인
3. 최근 10년간 매년 흑자가 난
4. 최근 20년간 배당을 꾸준히 올린
5. 최근 10년 순이익이 최소 33% 증가한
6. PER이 15 이하인
7. PBR이 1.5 이하인

위 조건을 충족한 기업의 주식을 사라고 조언했다.

데이터를 확보했다는 가정하에 누구나 따라 할 수 있는 방법이다!

Cullen은 이 책에서 그레이엄의 철학을 이어받아 '일반인이 손쉽게 따라 할 수 있는 가치투자 기법'을 소개한다.

이 책의 핵심은, 그냥 PER이 낮고, PBR이 낮고, 배당수익률이 높은 기업에만 투자해도 초과수익을 낼 수 있다는 점이다. 그리고 이 방법을 꾸준히 유지한다면 만족할 만한 수익을 낼 수 있다는 점이다!

투자의 대중화를 위해 애쓴 벤저민 그레이엄이 이 책에 나온 '가치주, 장기 투자의 원칙'을 본다면 흐뭇해하지 않을까?

이 책을 한국에 적용한다면 어떤 결과가 있을까?

아래와 같은 전략을 만들어봤다.

가치주, 장기 투자의 원칙을 한국 시장에 적용

1. 제외 기업 : 금융주, 지주사, 관리종목, 적자 기업, 중국 상장 기업

2. 한국 모든 상장사의 PER을 계산하고 각 기업의 순위를 매긴다.

3. 한국 모든 상장사의 PBR을 계산하고 각 기업의 순위를 매긴다.

4. 한국 모든 상장사의 배당수익률을 계산하고 각 기업의 순위를 매긴다.

5. 3개 지표의 평균 순위가 제일 높은 20개 기업에 투자한다.

6. 매년 4월 말, 10월 말 1~5를 반복한다.

이렇게 투자했다면 2003년부터 2022년까지 연 복리 28.4%라는 엄청난 수익을 낼 수 있었다. 이는 원금이 20년 만에 130배(!)가 되는 것을 의미한다. (Cullen의 PER, PBR, 배당수익률 전략을 한국 시장에 백테스트한 결과. 89쪽, 102~103쪽 참고)

Cullen이 소개하는 투자기법은 한국 시장에서 특히 잘 통한다.

나는 '한국에서는 가치 투자가 안 통한다'라는 말을 매우 자주 들었다. 하지만, 이는 전혀 사실이 아니다.

간단하게 PER, PBR, 배당수익률이 우수한 기업에만 투자해도 모든 기관 투자자를 능가하는 상위 0.1%의 투자자가 될 수 있다.

이 책을 유심히 읽어 보시라.

그리고 Cullen의 기준에 맞는 기업을 찾고, 사고, 부자가 되시라!

경제적 자유는 멀지 않다.

책에 소개된 전략만 꾸준히, 5년, 10년, 20년 묵묵히 실행하면 된다.

강환국
'할 수 있다! 알고 투자' 유튜브 운영
《퀀트 투자 무작정 따라하기》《거인의 포트폴리오》 저자

· · · · · · · · · · · ·

주식투자 시장이 망가졌을 때
끝이 보이지 않는 하락장일 때
투자를 하긴 해야 할 텐데 방향을 잃었을 때

"60년 경험의 투자자는 지금 무엇을 할까?"

이 책은 이 질문에서 시작된다.
하락장이든 상승장이든 상관없다.
하락장일수록 부자의 행동은 더 또렷해진다.

부의 역사는 반복된다.
데이터로 패턴을 이해하라.
'돈의 패턴'을 읽어내라.
미래의 부를 만드는
주식투자 성공전략을 알 수 있다.

· · · · · · · · · · · ·

▌ 이 책의 배경 ▐

내가 처음 주식투자를 시작한 건 미국 해군 장교로 USS 에식스 USS Essex 항공모함에서 근무할 때였다. 당시 1961~64년 동안(4년간) 주식시장은 꾸준히 상승하고 있었다. 그래서 투자할 주식을 고르는 일은 비교적 쉬웠고 재미있기까지 했다.

이후 1965년, 해군에서 제대했을 때 월스트리트는 그야말로 호황이었다. 그때도 지금처럼 무모한 투기가 주를 이뤘고, 가치투자는 사람들의 관심 밖이었다. 투자자들의 세대교체가 이뤄지면서 1929년 증시 대폭락, 그리고 1930년대의 대공황은 역사의 뒤안길로 사라졌다.

주식 열기가 고조되자 대형 증권사들은 속속 전국에 지사를 설립했다. 그즈음 나도 월스트리트의 메릴린치 Merrill Lynch 신규 지사에서 근무를 시작했다. 나를 포함해 직원들은 모두 혈기 넘치는 20대 중반이었다. 지금으로 말하면 일종의 '밀레니얼 세대'였던 셈이다.

사무실은 주식과 상품을 거래하는 개인 투자자로 연일 붐볐다. 주식 가격이 티커 테이프 Ticker Tape[1]를 통과해 표시될 때면 사람들은 소리치며

---

1   과거 증권시장에서 주가를 알려주던 종이테이프.

환호했다.

그러다 1968년, 다우존스 산업평균지수(이하 다우지수)의 사상 첫 1,000 돌파를 앞두고 시장은 상승 동력을 잃었다. 이후 5년 동안 두 번의 경기 침체로 주식시장도 잇달아 무너졌다.

1975년 말, 시장은 어느 정도 잠잠해졌다. 하지만 월스트리트로 진출한 대형 증권지사들은 대부분 문을 닫았다. 자연스럽게 이들의 모회사와 소속 중개인들도 설 자리를 잃었다.

불과 1~2년 전만 해도 금융산업의 중심지였던 월스트리트는 유령도시로 변해 버렸다. 모든 일은 순식간에 진행되었다.

그때 주목할 만한 두 가지 분석법이 등장했다.

첫째, 벤저민 그레이엄Benjamin Graham은 1974년 연설에서 주식을 분석하는 새롭고도 아주 간단한 방법을 소개했다. 이 방법은 장기 투자에 초점을 맞춘 것으로, 주가수익률(Price/Earnings, 주가를 주당순이익으로 나눈 주가의 수익성 지표), 주가순자산율Price/Book 및 배당수익 원칙을 적용한다. 벤저민 그레이엄 분석법은 장기적인 가치투자에 적절한 방법이다.

둘째, 경제전문지 배런즈Barron's에서 출간된 폴 밀러Paul Miller의 분석법이다. 해당 내용은 주가수익률을 기준으로 가장 저렴한 주식이 어떻게 가장 비싼 주식 및 시장 전체 실적을 극적으로 능가할 수 있었는지 보여준다. 밀러의 연구는 가치투자의 효과를 입증했다.

이 두 가지 분석법은 10년 후 내가 쉐퍼 쿨렌Schafer Cullen을 설립하는 근간이 되었다. 우리 회사는 현재 장기적인 가치투자 방식으로 200억 달러(약 27조 원)의 자산을 운용하고 있다.

나는 60년 투자경험과 수많은 데이터에서 시장의 패턴을 읽었고, 그것들을 모아서 이 책을 완성할 수 있었다.

가치투자에 대한 호불호는 변하지만 데이터는 거짓말을 하지 않는다.

그것은 항상 효과가 있었으며, 투자자가 가치 규율을 적용하고 장기적으로 투자하는 한 계속 작동할 것이다.

데이터로 '돈의 패턴'을 읽어야 한다.

뉴욕에서 짐 쿨렌Jim Cullen

이 책의 목적은
성공적인 투자를 방해하는 요소들을 없애는 것이다.
장기 가치투자 원칙을 적용함으로써
상승장이든 하락장이든
투자자들이 잘 대처하도록 돕기 위해 쓰여졌다.

책은 모두 36개 장으로 구성되어 있다.
장별로 한 권의 책을 쓸 수도 있지만,
여기서 목표는 주제별 내용을 간단히 소개해
투자자들이 시장에 대한 '감'을 잡도록 하는 것이다.

이 책은 주식시장에서 줄곧 불이익을 당해 온 일반 투자자를 위해 집필했다.

일반 투자자가 불이익을 당한 이유는 아주 간단하다. 모두가 주식에 관심을 보이고 주가가 높을 땐 사고 싶은 강력한 욕망과 군중심리가 작동한다. 반대로 아무도 관심이 없고 주가가 낮을 땐 팔고 싶은 욕구가 생긴다.

이 책은 투자자들이 그런 유혹을 극복할 수 있도록 도움을 주고자 쓰여졌다.

패턴 1 주식투자, 그야말로 전쟁

지난 100년간 주식시장의 역사를 돌아본다. 주식시장이 얼마나 유동적이고 예측 불가능한 것인지 아는 데 목적이 있다.

패턴 2 가치투자 '5년의 법칙' 이해하기

이 책의 핵심 영역으로 투자 전략을 다룬다. 장기 가치투자자가 되어 주가수익률, 주가순자산율, 배당수익 등 가치투자 원칙을 적용하라는 벤저민 그레이엄의 조언에 초점을 맞춘다. 이 원칙을 지킬 경우, 5년 후엔 성장주보다 수익률이 높아지는 것을 데이터를 통해 확인할 수 있다.

패턴 3 마켓 타이밍에 대한 오해

시장 적시성에 관한 내용인데, 이것도 매우 중요하다. 시장의 때를 맞추고자 노력하는 행위가 오히려 장기적인 실적을 방해하는 침묵의 살인자로 간주되어 왔기 때문이다.

패턴 4 좋은 주식 선택하는 법

주식 선택 과정에 대해 사례 중심으로 알려준다.

여기서는 이론적인 내용을 벗어나 주식 선택의 현실적인 방법에 대해 살펴본다.

패턴 5 가치투자 '5년의 법칙' 적용하기

원칙에 기반을 둔 전략이 다양한 투자 형식에 어떻게 적용되는지 보여준다.

패턴 6 하락장이든 상승장이든 방법은 있다

시장 이해에 관한 내용이다. 대부분 투자자가 시장에서 좋은 성과를 내지 못하는 이유는, 시장에 과도하게 반응한 채 시장의 작동원리를 제대로 이해하지 못하기 때문이라는 벤저민 그레이엄의 지적을 토대로 살펴본다.

마지막으로, 데이터로 돈의 패턴을 읽다

이제 막 투자를 시작한 초보 투자자를 위한 조언을 제공한다. 초보 투자자들에게는 가장 중요한 부분이 될 것이다.

▌ 차례 ▌

데이터로 돈의 패턴을 읽다

패턴 1

주식투자,
그야말로 전쟁

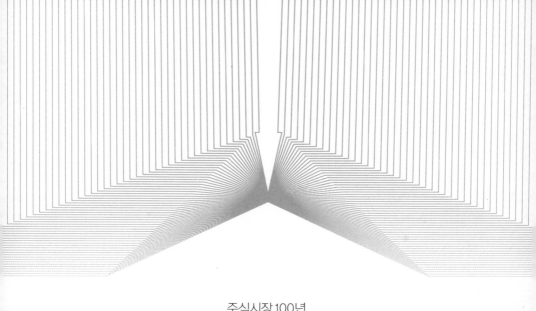

주식시장 100년,
그 전쟁의 역사 탐험을 시작한다.

'패턴 2 가치투자 5년의 법칙 이해하기'를 시작하기에 앞서
패턴 1에서 주식투자의 역사를 먼저 들여다본다.

그 이유는 주식시장이 얼마나 끊임없이 변하고,
예측할 수 없는지를 투자자가 스스로 깨닫게 하기 위함이다.

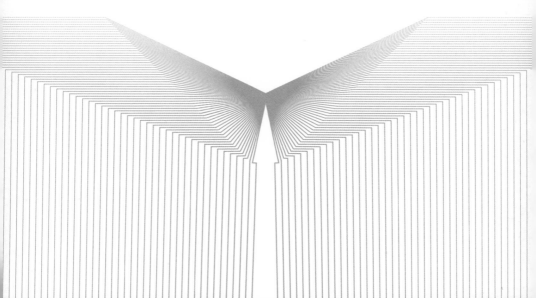

1장

주식시장 100년의 역사

1920년대 광란의 시대

1920년대는 '광란의 시대'라고 불렸다. 주식시장이 호황을 맞으며 투기가 넘쳤고, 뉴욕증권거래소^{New York Stock Exchange, NYSE}는 거래소라기보다 카지노에 가까웠다. 대형 투자금이 시장을 지배하며 주가를 조작해 단기 수익을 챙기는 일이 아주 흔한 일이었다.

그때 《고객의 요트는 어디에 있는가?^{Where Are the Customers' Yachts?}》라는 책이 베스트셀러에 올랐다. 이 책은 월스트리트 증권중개인으로 구성된 클럽 회원들의 대화에서 힌트를 얻고 쓰여졌다.

항구에 빽빽하게 늘어선 자신들의 요트를 바라보던 중 누군가 천진한 표정으로 이렇게 물었다.

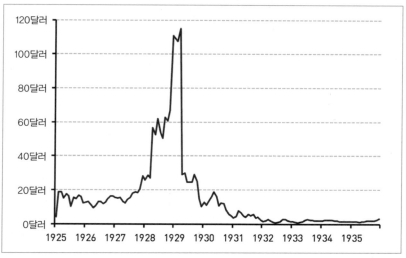

RCA 주가 (1925년 1월~1935년 12월)

출처 : 월스트리트저널(WSJ)

"그런데 고객들의 요트는 어디에 있지?"

1920년대 상황을 압축적으로 보여주는 장면이다.

당시 주식시장을 대표하는 기업은 세계 최대의 라디오 제조사 RCA
였다. 20년대 초반만 해도 라디오를 가진 사람은 거의 없었다. 하지만
이내 미국을 비롯한 전 세계에서 수백만 대의 라디오가 날개 돋친 듯
팔려나갔다. RCA에 대한 경이적 수준의 성장 전망이 이어지자 주가는
5달러에서 120달러까지 급등했다. 예상대로 RCA는 엄청난 판매고를
올렸지만, 주가는 회사의 수익보다 한참 앞서 있었다.

1929년, 주식시장이 붕괴하자 RCA 주가도 결국 5달러로 폭락했다.

뉴욕증권거래소의 주가는 평균 80% 하락했다. 크고 작은 대부분 투자자가 전멸했다. 월스트리트의 많은 투자자가 창문에서 뛰어내렸다는 흉흉한 소문까지 나돌았다.

1930년대 대공황

1930년대는 대공황의 시대로 실업률이 25%까지 치솟으며 경제 성장이 미미하거나 심지어 마이너스를 기록했다. 이 같은 고용 위기를 해결하고자 정부는 막대한 자금을 투입했고, 공공근로단^{Civilian} ^{Conservation Corps}[2] 같은 프로그램도 운영했다. 그러나 1935년 주식시장의 두 번째 하락은 1930년대 중반에는 회복하리라는 기대마저 완전히 앗아가 버렸다.

이런 상황에서 주식시장은 여전히 투자자가 아닌 투기꾼의 영역으로 여겨졌다. 1930년대 말에는 월스트리트 증권중개인들의 요트마저 모두 자취를 감췄다.

---

[2] 실업 상태에 있는 청년들로 구성된 단체. 숲 조성, 산불감시, 산림휴양공간 조성 등 산림사업을 지원했다. 미국 정부는 이를 통해 9년 동안 약 300만 명의 고용을 창출했다.

1940년대 및 1950년대 대중은 없다

이 20년 동안에도 주식시장에 관한 관심은 거의 미미했고 거래량도 많지 않았다. 대중은 시장을 떠나 있었다. 1940년대 중반에는 2차 세계대전으로 국방비 지출이 증가하면서 기업 실적도 점차 개선되기 시작했다.

주식에 대한 지속적인 관심이 부족한 상황에서 대부분 주식의 주가 수익률 배수가 역사적인 수준으로 떨어지면서 밸류에이션valuation[3]은 오히려 매력적으로 변했다. 대부분 주식은 10배의 수익을 냈고, 배당 수익은 5%였다. 이처럼 밸류에이션이 매력적으로 변하자 투자자들은 차츰 시장으로 돌아오기 시작했다.

1960년대 진격의 시대

1960년대에 들어서며 마침내 시장은 자신감을 회복했고, 1930년대의 아픈 경험은 기억 속으로 멀어져갔다.

1960년대 후반, 주식시장을 향한 대중의 열기는 극에 달했다. 메릴 린치, EF 허튼EF Hutton 등 큰 증권사들은 전국 주요 도시에 지사를 설립

---

3   현재 기업의 가치를 판단해 적정 주가를 산정해 내는 기업가치평가.

했다. 이런 상황에서 신규 발행 및 투기성이 짙은 소형주에 대한 투자자 요구가 증가하자, 레버리지를 이용한 헤지펀드와 고위험 뮤추얼 펀드가 급속히 확산했다.

그러나 지금과 마찬가지로 당시에도 신규 투자자들은 이런 상품의 위험에 관해 제대로 인지하지 못했다.

월스트리트의 전설적인 인물로 평가받는 찰리 플론Charlie Plohn은 하루에 최소 2개의 소형주를 발행해 '1일 2건'이라는 별명으로 불리기도 했다. 투자자들은 계속해서 더 많이 발행할 것을 요구했지만, 이들 소형주 대부분은 결국 아무런 가치가 없는 것으로 판명됐다.

당시 가장 인기리에 거래되던 종목은 대기업 주식이었다. 이들 기업은 일반 회사로 가장해 자기자본보다 높은 차입금으로 적대적 인수합병M&A을 전문적으로 하는 곳이었다. 그 주식은 시장에서 큰 사랑을 받으며 당시 거래소에서 가장 활발하게 거래되곤 했다.

이들 기업 중 대표적인 곳으로는 리스코 데이터 프로세싱Leasco Data Processing, 걸프 앤드 웨스턴Gulf & Western, 솔리트론 디바이스Solitron Devices, 엘티비LTV, 리턴 인더스트리Litton Industries, 유니버시티 컴퓨팅University Computing, 내셔널 스튜던트 마케팅National Student Marketing 등이 있다. 이들 모두 장황한 이야기를 담고 있다.

그즈음 개인 투자자에게 있어 신용 거래 계좌margin account가 주식 거래, 특히 인기 있는 종목 매수에 새로운 방법으로 등장했다. 신용계좌를 이용하면 투자자들은 주식이나 현금 등 기존 자산을 담보로 돈을 빌려 더 많은 주식을 매수할 수 있었다.

상승장에서는 이런 식의 거래가 급격한 수익으로 이어진다. 이에 따라 신용계좌는 평범한 투자자로서 좀처럼 유혹을 뿌리치기 힘든 수단이 되어 버렸다.

내가 월스트리트의 메릴린치의 신규 지사에서 근무를 시작한 건 그때였다. 매일같이 수많은 개인 투자자가 몰려든 탓에 사무실은 항상 붐볐다. 유리 벽을 설치해 중개인과 투자자를 구분해야 했을 정도였다. 투자자가 이용할 수 있도록 의자를 줄지어 세워둔 것은 물론 다우존스 티커[4], 각종 연구 도서, 재떨이, 심지어 침 뱉는 그릇까지 마련해 두었다.

당시 대부분 증권사무실처럼 메릴린치 지사 역시 영국의 도박장 같은 분위기였다. 연일 계속되는 파티 속에서 모두가 즐기는 분위기였다. 베스트셀러《머니 게임The Money Game》에서 아담 스미스Adam Smith가 당시의 상황을 '진격의 시대Go-Go Era'로 묘사한 것도 충분히 설득력이 있었다.

---

4   증권 거래소에서 시시각각으로 변동하는 시세를 보도하는 유선 인자식 전신기. 한 사람이 발신하면 이 수신기를 가진 가입자는 동시에 동일한 부호나 숫자를 수신함으로써 항상 가격의 변동을 알 수 있음.

여기에 다우지수가 역사상 처음으로 1,000에 근접하며 시장은 더욱 달아올랐다. 이미 예견된 이 사건을 두고 언론은 연일 대서특필하며 분위기를 몰아갔다.

당시 주식시장의 열기를 고려하면 다우지수가 그때는 물론, 이후 14년간 1,000을 돌파하지 못했다는 사실은 좀처럼 믿기 힘들다.

1970년대 경기 침체에도 새 시대가 열리다

'진격의 시대' 이후 1969~70년의 경기 침체로 증권사무실을 가득 메운 그 많던 투자자는 한순간에 사라졌다. 그토록 잘 나가던 대기업 주식도, 누구나 탐을 내던 신용계좌도 자취를 감췄다.

1965~82년 주식시장을 두고 역사는 평탄했다고 말할지도 모른다. 그러나 여러분이 그 시대를 경험했다면, 시장은 결코 평탄하지 않았음을 알 수 있을 것이다. 다음 도표처럼 말이다.

뉴욕의 주요 은행은 1960년대 무모한 투기에 발을 들이지 않았다. 1970년대 초까지 대형 은행 및 금융기관은 주식시장을 멀리했다. 1929년 증시 대폭락과 1930년대 대공황의 끔찍한 기억 때문이었다.

하지만 일부 기관투자자들 사이에서 1970년대는 주식시장의 새로운 시대가 될 것이라는 믿음이 싹트고 있었다. 양질의 여러 기업이 가진 무한한 성장 가능성 덕분이었다.

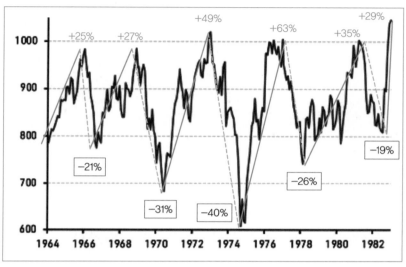

다우존스 산업평균지수(1964~82년) – 전혀 평탄하지 않다!

출처 : 블룸버그, SCCM 리서치

여기에는 아이비엠IBM, 맥도날드McDonald's, 제록스Xerox, 폴라로이드 Polaroid, 이스트만 코닥Eastman Kodak, 프록터 앤드 갬블Proctor & Gamble, P&G, 에 이본 프로덕트Avon Products 등의 기업이 포함됐다. 이들 7개 기업에 43개 기업을 더해 니프티50Nifty Fifty[5]으로 칭했다.

이 시기에 대형 금융기관은 니프티50 종목을 공격적으로 매수하기 시작했고, 잇달아 대중도 가세했다. 50개 기업의 성장 전망은 경이적 인 상황이었고, 이들의 성장은 결국 가격 상승을 정당화할 것이라 생 각했다. 따라서 가격에 상관없이 누구나 매수하려 들 것이라는 게 투

---

5 1969년부터 1973년까지 미국 증권시장을 주도했던 최상위 50개 종목.

자자들의 기본 전제였다.

그러나 그 전제는 결국 잘못된 것으로 밝혀졌다. 니프티50 기업에 대한 밸류에이션은 지속 불가능한 것으로 판명됐다.

1973년 1월, 주식시장이 얼어붙어 다음 해에는 50%까지 폭락했다. 1930년대 이후 최악의 경기 침체가 재현됐고, 니프티50 버블은 역사 속으로 사라졌다.

1974년 12월 영국 주간지 〈이코노미스트〉는 표지에 프랑스, 일본, 독일, 미국, 영국의 국기가 새겨진 열기구가 암석에 부딪히는 모습을 실었다. 세계 경제의 미래가 얼마나 암울한지를 묘사했다. 흥미로운 건 1974년 12월 주식시장이 바닥이었다는 점이다.

이 시기에 경기 침체가 얼마나 심각했는지를 보여주기 위해 당시 잘 나가던 자동차 제조업체 아메리칸 모터스American Motors의 유가증권 인수 공시를 다음에 첨부한다.

증권인수업체가 파산이나 합병으로 단 1~2년 안에 전부 사라졌다는 건 이전까지 상상조차 할 수 없는 일이었다.

1980년대 더블딥 이후 오르락내리락

새로운 10년이 시작됐다. 하지만 주식시장은 여전히 침체였고, 인

This advertisement is not an offer to sell or a solicitation of an offer to buy these securities.
The offering is made only by the Prospectus.

1,000,000 Shares

American Motors Corporation

Common Stock
(Par Value $1.65 1/6 Per Share)

Price: $12.75 per share

Copies of the Prospectus may be obtained in any State only from such of the
undersigned and others as may lawfully offer these securities in such State.

Kuhn Loeb & Co.   White Weld & Co.

Blyth & Co. Inc.   Eastman Dillon, Union Securities & Co.   Glore Forgan & Co.

Halsey, Stuart & Co. Inc.   Harriman, Ripley & Co.   Hornblower & Weeks-Hemphill, Noyes

Loeb, Rhoades & Co.   Stone & Webster Securities Corporation

A.G. Becker & Co.   Clark, Dodge & Co.   Francis L. DuPont & Co.   Hallgarten & Co.   Hayden, Stone
Incorporated   Incorporated

W.E. Hutton & Co.   Lee Higginson Corporation   F.S. Moseley & Co.   R.W. Pressprich & Co.
Incorporated

Reynolds & Co.   Shields & Co.   Spencer Trask & Co.   G.H. Walker & Co.   Walston & Co.
Incorporated

Auchincloss, Parker & Redpath   F. Eberstadt & Co.   Estabrook & Co.   Faulkner, Dawkins & Sullivan

Goodbody & Co.   Laird   McDonnell & Co.   Mitchell, Hutchins & Co.   New York Hanseatic Corporation
Incorporated

New York Securities Co.   F.S. Smithers & Co.   C.E. Unterberg, Towbin Co.   Van Alstyne, Noel & Co.

June 16, 1969

출처 : 아메리칸 모터스, 1969년 6월 16일

플레이션은 13.5%까지 치솟았다. 이에 폴 볼커Paul Volker 당시 연방준비제도(이하 연준) 의장은 금리를 20%까지 올려버렸다. 그 결과 인플레이션은 잡았지만, 주식시장도 같이 사장돼 1981~82년 더블딥Double Dip[6] 발생으로 이어졌다.

전혀 예상치 못했던 경기 침체는 대공황 이후 가장 심각한 수준으로 금융기관 전반에 심각한 타격을 입혔다. 안 좋은 상황이 지속하자 은

___

6   침체했던 경기가 잠시 회복되는 듯하다가 다시 침체하는 상태.

행은 부동산 대출 및 투기에 적극적으로 가담했다. 은행의 도산 비율은 1930년대 이후 가장 높았다.

당시 미국 7위의 상업은행 콘티넨탈 일리노이Continental Illinois 역시 도산을 피하지 못해 긴급 구제를 받았다. 이곳에 대한 긴급 구제가 결정된 것은 콘티넨탈 일리노이의 도산이 뱅크 오브 아메리카Bank of America, 매뉴팩처러스 하노버 트러스트Manufacturers Hanover Trust, 심지어 씨티은행Citibank 같은 대형 은행의 몰락으로까지 이어질 수 있다는 공포 때문이었다.

이 같은 공포가 월스트리트를 지배하던 1981년, 당시 가장 영향력 있는 기관 연구 간행물로 평가받던 〈뱅크 크레딧 애널리스트〉는 일종의 패배를 인정하는 내용의 보고서를 발간했다. 보고서 내용은 다음과 같다.

"개인과 기업의 이자 납부가 연체되고 있는 가운데 채권과 주식, 부동산, 각종 상품은 모두 청산되고 있다. 이런 상황이 곧 끝날 것처럼 보이지는 않는다."

여기에 이렇게 덧붙였다.

"은행권을 덮친 재앙은 각 주와 지방자치단체에 큰 부담으로 작용했다. 이는 장기 불황을 초래, 경제의 가장 약한 부문을 흔들었다. 그러나 최악의 상황은 아직 오지 않았다."

이들이 말한 최후의 심판일은 1981년 10월이었다. 이때는 주식시장 역사상 최적의 매수 시기 중 하나였다.

주가가 극도의 과매도 상태가 되면서 두 번의 경기 침체는 회복을 위한 발판을 마련했다. 니프티50 중 상당수는 1973년 고점에서 80%까지 떨어졌고, 전반적인 밸류에이션은 주식시장 역사상 가장 낮은 수준을 기록했다. 이 가운데 기업 실적은 점차 개선됐고, 1982년 마침내 다우지수는 1,000을 돌파했다.

경제가 회복하며 투자자들은 매력적인 밸류에이션의 가치를 알아보기 시작했다. 주식을 향한 열기가 되살아나고 있었다. 그러나 투자자들이 10년간 시장에서 멀어져 있었던 탓에 새로운 매도자가 많지 않았고, 주식에 대한 노출도 사상 최저 수준에 가까웠다. 그럼에도 투자 열기는 조금씩 되살아나고 있었다.

1980년대 중반까지 주식시장이 끊임없이 새로운 고점을 생성하며 투자 열기는 다시 뜨거워졌다. '과열 시장'이라는 용어가 처음 등장한 것도 이때다. 과열 시장은 10% 이하의 조정 범위 내에서 200일 연속 상승하는 시장을 일컫는다. 해당 내용에 관해서는 책의 후반부 30장에서 구체적으로 살펴보겠다.

주식을 향한 개인 투자자의 열정과는 달리 기관투자자는 여전히 불안해하는 모습이었다. 1970년대 니프티50 붕괴의 기억 때문이었다.

이들은 하방 보호[7] 장치를 원했다. 이를 위해 월스트리트의 정량 분석가들은 파생상품을 이용해 투자자의 하방 보호를 보장하는 완벽한 상품을 선보였다. 바로 포트폴리오 보험이었다.

하지만 그것은 전혀 완벽한 상품이 아니었다. 1987년 주식시장은 포트폴리오 보험이 하락을 촉발해서 하루 만에 무려 25%가 폭락하는 사태가 발생했다. 이날의 매도세는 주식시장 역사상 최악의 사건으로 평가된다. 투자자들은 어찌할 바를 몰랐다.

오늘날과 달리 당시에는 장내 중개인이 주식의 청산 및 가격 안정성에 대한 책임까지 모두 지고 있었다. 대폭락 당일, 장내 중개인들은 다우지수에 포함된 30개 기업 경영진을 만나 다음 날 장이 열리면 이들 기업의 주식을 공격적으로 매수하라고 설득했다. 훗날 이 중개인들은 영웅이 됐다.

다음 날에도 기관 및 개인 투자자는 여전히 매도를 지속했지만, 장이 마감된 후 각종 뉴스의 머리기사는 대부분 다우지수가 어떻게 회복됐는지에 관한 내용이었다. 다우지수에 포함되지 않은 기타 주식이 하락하고 있다는 내용은 거의 찾아볼 수 없었다.

다우지수 상승에 관한 뉴스는 주식시장을 안정시켰고, 시장은 점차 상승하기 시작했다. 결국 그해 말에는 새로운 고점이 경신됐다.

---

7   기초 자산의 가격이 떨어져 얻게 된 손실을 완충하는 일.

1990년대 대중이 돌아왔다

주식이 인기가 없던 1980년대 초반에는 부동산이 투자 대안으로 각광받았다. 주식의 대체재로 '대안'이라는 용어가 사용되기 시작한 것도 이즈음이었다.

1980년대 말, 부동산은 과열 상태였다. 플로리다 콘도미니엄 시장은 당시 투기 열풍을 보여주는 전형적인 사례다. 대형 콘도미니엄 복합단지는 '시스루see-through'라고 불렸는데, 실제로 그곳에 사는 사람은 아무도 없이 모두 투기 세력이 소유하고 있었기 때문이다.

부동산 시장의 광풍은 1990년대 은행 및 부동산 위기로 이어졌다. 다음 도표에서 나타나듯, 이 시기에 도산한 미국 내 은행 숫자는 1930년대 대공황 당시를 넘어섰다.

가장 큰 타격을 입은 건 소규모 은행, 그중에서도 특히 영세한 규모로 운영되는 저축 및 대출S&L, Savings and Loan 기업이었다. 이들은 주로 부동산 거래의 자금 지원을 위해 지역 내 사업가들이 만든 곳으로 지역 주민들의 삶과 깊이 연관돼 있었다. 소규모 은행과 마찬가지로 저축 및 대출 산업은 당시 위기로 거의 몰락했다.

이들 영세 업체에 대해서는 별도의 긴급 구제 지원이 없었다. 하지만 정부는 정리신탁공사Resolution Trust Company를 설립해 강제 청산 위기에 놓인 상당수 부동산의 가격을 내려 되팔았다.

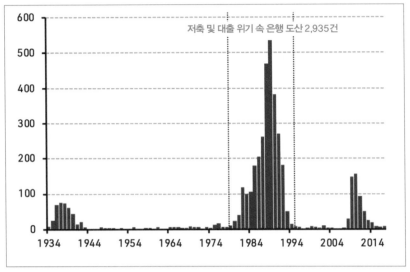

미국 은행 도산의 역사

저축 및 대출 위기 속 은행 도산 2,935건

출처 : 미국연방예금보험공사(FDIC).
* 도산 은행 및 이들에 대한 원조 거래 건수 포함.

1995년경 금융산업은 부동산 및 은행 관련 문제에서 조금씩 회복되고 있었다. 동시에 당시 막 주목받기 시작한 기술을 통해 돌파구가 마련되었다. 신기술 기업에 대한 투자 열기가 너무 뜨거웠고, 이는 결국 '새로운 패러다임'에 대한 믿음을 낳았다.

이들 중 인텔Intel, 마이크로소프트Microsoft, 애플Apple 등 가장 인기 있는 종목을 중심으로 나스닥NASDAQ이라는 새로운 지수가 만들어졌다.

90년대 말에 가까워지면서 주식 가격은 역사상 한두 번밖에 볼 수 없었던 밸류에이션 수준에 도달하기 시작했다. 주식 가격은 끊임없이 올랐다. 그러나 가격 상승은 시장의 기초가 탄탄해진 덕이 아니라 증권 분석가들이 목표 가격을 끊임없이 올린 결과였다. 그것만으로도 가격은 계속해서 상승했다.

대중은 다시 주식시장으로 돌아왔다. 경제주간지 〈비즈니스위크〉는 표지에 '호황The Boom'이라는 단어를 싣고, 고점에서의 상승세를 인정했다.

기술주의 강세는 S&P[8]500 지수에 영향을 미쳤다. 고수익 종목이 하나둘 편입돼 S&P500 지수는 역사상 가장 높은 밸류에이션 수준에 이르렀다.

1990년대 말, 나스닥 수익은 65배, S&P500 수익은 28배에 달했다.

2000년대 9.11테러 충격과 침체

2000년대 들어 시장은 다시 전복되었다. 이후 몇 년간 기술 기업의 수익은 증가했지만, 그토록 인기를 끌던 나스닥 지수는 80%나 하락했다. 당시 폭락은 다음 도표에 잘 나타나 있다. 흡사 1920년대 '광란의 시대'및 1970년대 '니프티50 시대'이후와 닮아 있었다. 이때도 기업 자체에 문제가 있었다기보다 기업에 대한 밸류에이션에 문제가 있

---

8   Standard & Poor's. 스탠더드앤드푸어스. 미국의 신용평가 회사

나스닥 종합주가지수 (1998~2004년)

출처 : 블룸버그

었다.

인기 있는 기술주 비중이 컸던 S&P500 실적도 그 영향을 피해 갈
수 없었다. 지난 수년간 좀 더 합리적으로 가격이 책정된 가치주보다
훨씬 더 극적으로 악화했다. 2000~05년 S&P500 지수는 연간 기준
2.3%, 누적 기준 11% 하락한 반면 가치주(주가수익률 기준 하위 20%)
는 연간 기준 17.4%, 누적 기준 122.8% 상승했다.

그러나 2000년의 기술주 매도세는 2001년에 비하면 아무것도 아니었다. 2001년 9월 11일 테러 공격은 미국 역사상 가장 큰 충격을 가져왔다. 주식시장은 몰락했고, 세계무역센터 붕괴로 직접적인 영향을 받은 증권거래소는 문을 닫아야 했다.

역사적으로 볼 때 시장이 이미 침체한 상태에서 9.11테러 같은 주요 사건이 발생하면, 시장은 저점을 위한 준비 태세에 돌입한다는 것을 알 수 있다. 당시에도 마찬가지였다.

2001년 12월 초, 시장은 바닥을 찍었다. 이후 약 1년간 반등하다가 다시 하락세로 돌아섰고, 2002년 9월에 마지막 저점을 찍었다.

이보다 두 달 앞서 〈비즈니스위크〉는 '성난 시장'이라는 제목과 함께 포효하는 곰으로 표지를 장식했다.

시장은 이후 몇 년간 2002년 9월 최저치에서 100% 회복했다. 하지만 좋은 분위기는 그리 오래가지 못했다. 2007년 또 다른 은행 위기에 직면한 탓이다. 그 결과 주식시장은 1930년대 이후 가장 큰 낙폭을 기록했다.

호황이 계속되던 1995년, 월스트리트 내부자들은 월스트리트에 대한 금융 규제 일부를 폐지하면 경제가 훨씬 더 강해질 것이라고 클린턴 행정부를 설득했다.

여기서 한 가지 장벽은 1930년대에 채택돼 50년간 일정 수준의 시장 안정을 책임져 온 글라스-스티걸법Glass-Steagall Act[9]이었다. 결국 이 법은 폐지되었고, 이후 대출과 거래 업무가 분리됐다. 공매도를 제한했던 업틱룰Uptick Rule[10]도 사라졌다. 그 결과 은행의 대규모 거래 및 해외 파생상품 이용이 가능해졌고, 이 모든 것은 결국 2008~09년 시장 붕괴로 이어졌다.

당시의 매도세는 유례가 없을 정도로 심각했다. 의도치 않은 결과가 금융 시스템 전체를 무너뜨릴 수 있을 만큼 위협적일 수 있다는 불안이 시장에 팽배했다. 그 결과 일부 대형 은행과 자동차 업체는 정부의 긴급 구제를 받아야 했다.

2010년대 밀레니얼 세대의 진입

2000년대 극도로 부정적인 10년을 보내며 2007~08년 정부 지원으로 매도세를 극복한 뒤, 2010년대는 수혜를 입은 시기였다.

1930년과 1974년 약세장 확대 이후의 회복 절차와 마찬가지로 투자자들이 시장으로 돌아오는 속도는 더뎠다. 청년층이 된 밀레니얼 세

---

9   1933년 은행법. 은행개혁과 투기규제를 목적으로, 상업은행과 투자은행의 영역을 엄격히 분리한 법. 이후 골드만삭스, 리먼브러더스 등은 투자은행으로, 뱅크오브아메리카, 시티뱅크 등은 상업은행 성장함.
10   공매도 시 직전 거래가격보다 낮은 가격으로 호가를 내지 못하게 하는 규정.

대는 주식 매수에 전혀 관심을 보이지 않았다.

이런 상황에서 2016년 대선후보 클린턴과 트럼프의 어조도 대중이 주식시장에 부정적으로 반응하는 데 한몫했다. 시장은 여전히 과매도 상태였다. 그러나 선거 결과를 우려하며 현금 보유를 고집했던 투자자가 돌아오기 시작하며, 시장은 점차 상승세로 돌아섰다. 그러나 밀레니얼 세대의 무관심은 여전했다.

그러다 2018년 1월, 주식시장이 갑자기 폭발했다. 역사상 가장 강력한 1월이었다. 이는 대마산업과 비트코인 열풍에 매료된 밀레니얼 세대가 시장에 진입하면서 촉발됐다. 슈왑Schwab, 피델리티Fidelity 같은 자산운용사는 갑자기 신규 투자자로 넘쳐났고, 트럼프의 대통령 당선에 대한 의구심에도 불구하고 시장은 연일 최고치를 경신했다.

2020년대 코로나19 영향과 다양한 도전

이후 새로운 10년이 시작됐다. 밀레니얼 세대가 불을 지핀 비트코인 및 대마 관련 주식 열풍은 새로운 시장 투기로 확대됐다. 여기에 로빈후드Robinhood 같은 업체가 수수료 제로 정책을 내놓으며 주식시장은 마치 카지노와 비슷한 여건으로 조성됐다.

이 가운데 테슬라Tesla, 애플Apple 등의 기술주와 마찬가지로 소위 'FANGFacebook, Amazon, Netflix, Google 주식'에 대한 열기도 점차 뜨거워졌다.

이들 주식은 새로운 기술 붐의 중심축이 되어 나스닥 지수에 새롭게 편입됐다. 이들에 대한 집중도는 갈수록 심해져 2020년 중반에는 10대 기술주 수익이 9,000억 달러를 기록한 반면, 나머지 2,600여 개 종목은 3,000억 달러의 손실을 기록했다.

이후 2019년 말 출현한 코로나19는 이듬해 전 세계를 덮쳤다. 코로나19의 전개 방향은 앞으로도 미국을 포함한 전 세계 시장에 영향을 미칠 것이다.

이후 살펴보겠지만 한 가지 다행스러운 점은, 원칙이 수반된 장기 투자는 투자자가 다양한 도전을 시도하고 극복하는 데 도움을 준다는 것이다.

글을 쓴 시점까지 일어난 일은 여기까지다. 이후에는 어떤 일이 일어날지 아무도 모른다. 하지만 지난 100년의 역사가 우리에게 가르쳐 주는 것이 있다면, 투자는 도전이라는 것이다.

돈의 패턴

데이터는 거짓말을 하지 않는다

패턴 2

가치투자
'5년의 법칙' 이해하기

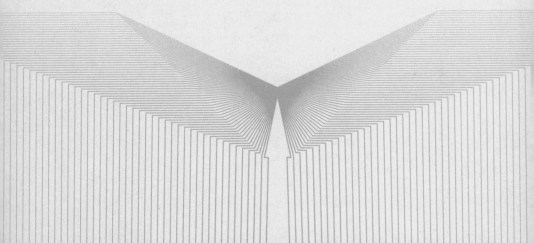

패턴 2에서는 3가지 투자 원칙에 포함되는
주가수익률, 주가순자산율, 배당수익을 알아보며
장기적인 가치투자 접근법의 기초를 파악한다.

또한, 배당금과 수익의 중요성에 대해 논의하고,
가치주와 성장주의 비교를 통해
가치주의 실적이 더 높은 이유도 함께 알아본다.

끝으로, 장기적인 접근법을 굳게 지키는 것의 중요성을 알려준다.

2장

가치투자 원칙

벤저민 그레이엄의 3가지 원칙
: 주가수익률, 주가순자산율, 배당수익

1975년, 월스트리트는 1930년대 이후 최악이었던 1973~74년 불황에서 벗어나고 있었다. 당시 주가는 고점 대비 50% 하락했다. 투자자들은 충격에 휩싸였고 주식시장에 전혀 관심이 없었다.

아이러니하게도 '가치투자의 아버지'로 불리는 벤저민 그레이엄 Benjamin Graham이 마지막 인터뷰를 한 것도 1975년이었다. 60년의 투자 사업을 총정리한 인터뷰였다. 그러나 당시 주식시장에 관심 있는 사람은 거의 없었기 때문에 그의 인터뷰 역시 주목받지 못했다.

하지만 인터뷰 내용은 무척 새로웠고, 이 책에서 말한 투자 전략의 초석이 되었다.

벤저민 그레이엄의 핵심 논리는, 자신이 고안해낸 가치투자 전략이 다른 모든 전략을 능가할 것이므로 이를 적용한다면 다른 모든 건 잊어도 좋다는 것이다.

즉, 주가수익률Price/Earnings[11], 주가순자산율Price/Book[12], 배당수익Dividend Yield[13]이라는 3가지 원칙을 바탕으로 장기 투자하라는 것이다.

이 같은 접근법은 일관되게 그 효과를 입증했다. 효과를 내지 못한 유일한 시기는 버블이 존재하던 때였다. 이에 대해서는 5장, 6장에서 구체적으로 다뤄보겠다.

그렇다면 벤저민 그레이엄 전략의 두 가지 구성요소를 살펴보자.

---

11 주가를 주당순이익(EPS)으로 나눈 값. 1주당 수익의 몇 배가 되는지를 나타내는 지표.

12 주가를 주당순자산가치로 나눈 값.

13 주당배당액을 주당주식시가로 나누어 측정. 주식투자자가 주식투자로부터 이익을 얻는 것.

전략 1. 원칙 기반의 투자

지난 수년간 투자자의 아킬레스건은 미래의 성장을 위해 지나치게 과도한 비용을 지불해 왔다는 것이다. 너도나도 시장에 몰려들어 주식 가격이 비쌀 때 매수하는 경우가 대표적이다.

이 같은 실수를 피하려면, 가격 원칙을 적용해야 한다. 벤저민 그레이엄이 추천하는 원칙은 주가수익률, 주가순자산율, 배당수익이다.

저렴한 주식을 매수하고 과도한 지불을 피하려면 이 3가지 비율 중 하나 이상을 적용하여 주식을 선별해야 한다.

가치주를 찾을 땐 다음 3가지 기준을 활용한다.

- 주가수익률 : 하위 20% 기업을 찾는다.
- 주가순자산율 : 하위 20% 기업을 찾는다.
- 배당수익 : 상위 20% 기업을 찾는다.

전략 2. 5년 이상의 장기 투자

벤저민 그레이엄 전략의 두 번째 구성요소는 첫 번째 구성요소만큼이나 중요하다. 그는 투자자가 1년이든 2년이든 3년이든, 심지어 4년이든 시장을 완벽히 예측할 수 없음을 인정하는 것이 중요하다고 말했다. 그러나 앞서 말한 3가지 원칙을 장기적으로 적용할 경우, 성과는 성장동력이나 공포, 탐욕 같은 요소보다는 해당 기업의 기초 체력과 수익에 더 좌우될 것이다.

그는 특정 기간을 명시하진 않았지만, 일반적으로 5년이면 성과가 난다. 바로 다음에 이야기할 시장의 역사를 보면 분명히 알 수 있다.

시장의 역사에서 살펴보기

1968년 벤저민 그레이엄이 추천한 3가지 가격 원칙에 대한 데이터를 살펴보자. S&P500 지수에 대해 이들 원칙이 각각 어떻게 실행되었는지 비교할 수 있다.

주가수익률 기준 하위 20% 기업, 주가순자산율 기준 하위 20% 기업, 배당수익 기준 상위 20% 기업의 실적을 확인한다.

실적이 매년 재조정됨을 알 수 있다. 결과적으로 이들 3가지 가격 원칙은 시간의 경과와 함께 투자자에게 큰 우위를 제공한다.

다음 표는 해당 내용을 요약해서 보여준다. 이를 통해 3가지를 관찰할 수 있다.

1. 연간 기준으로 보면 시장(S&P500 지수로 대표됨)은 매우 불안정하다.
2. 3가지 가격 원칙을 적용한 기업이 전반적으로 우수한 실적을 나타낸다.
   (도표 맨 아래 평균치 참조)
3. 버블 구간을 제외하면, 가치주는 대부분 개별연도에서 뛰어난 실적을 보인다.

3가지 원칙 (1968~2020년)

연도	S&P500 지수(%)	주가수익률 하위 20%(%)	주가순자산율 하위 20%(%)	배당수익 상위 20%(%)
1968	11.0	30.5	37.3	27.3
1969	−8.4	−16.5	−23.7	−16.6
1970	3.9	12.8	2.9	12.1
1971	14.3	10.5	18.9	10.7
1972	18.9	8.0	6.8	10.3
1973	−14.7	−14.8	−14.2	−13.9
1974	−26.5	−10.9	−5.9	−20.0
1975	37.2	59.3	62.4	64.3
1976	23.9	48.0	56.2	42.1
1977	−7.2	8.5	4.5	4.0
1978	6.6	14.1	7.1	3.1
1979	18.6	30.8	32.3	20.1
1980	32.4	32.8	19.2	17.4
1981	−4.9	17.5	14.9	17.7
1982	21.5	27.9	39.4	31.0
1983	22.6	28.1	43.0	33.4
1984	6.3	17.1	5.1	12.6
1985	31.7	34.2	20.3	32.4
1986	18.7	32.1	10.1	18.4
1987	5.3	−6.2	9.9	−1.4
1988	12.5	28.0	30.9	20.5
1989	31.7	22.7	21.3	26.2
1990	−3.1	−15.2	−24.4	−17.5
1991	30.5	47.9	54.4	43.3
1992	7.6	16.7	32.4	18.3
1993	10.1	16.9	22.7	16.0
1994	1.3	2.3	−0.2	−2.3
1995	37.6	41.6	37.4	36.3

연도	S&P500 지수(%)	주가수익률 하위 20%(%)	주가순자산율 하위 20%(%)	배당수익 상위 20%(%)
1996	23.0	18.9	16.4	16.3
1997	33.4	37.0	30.7	27.9
1998	28.6	−0.3	11.5	8.7
1999	21.0	7.0	10.8	−2.3
2000	−9.1	24.2	22.2	15.4
2001	−11.9	16.2	14.6	11.1
2002	−22.1	−8.9	−17.7	−8.4
2003	28.7	38.6	57.0	36.8
2004	10.9	22.3	23.8	15.3
2005	4.9	15.9	11.6	3.8
2006	15.8	18.1	20.9	23.2
2007	5.5	−0.7	−12.5	−1.4
2008	−37.0	−39.1	−47.3	−39.9
2009	26.5	52.8	65.1	45.0
2010	15.1	20.5	23.0	20.7
2011	2.1	1.3	−6.9	12.8
2012	16.0	16.0	24.0	12.6
2013	32.4	42.7	45.2	30.2
2014	13.7	11.8	8.8	19.8
2015	1.4	1.4	−0.2	−0.5
2016	12.0	17.8	24.9	19.6
2017	21.8	17.9	13.7	9.8
2018	−4.4	−13.6	−16.6	−5.6
2019	31.5	26.3	22.9	24.1
2020	18.3	−4.0	−9.4	−6.1
1968~ 2020년 평균	10.3	14.6	13.9	12.4

* 계산방법은 '부록' 참고

5년의 법칙

결과는 전반적으로 설득력이 있다. 하지만 연간 기준으로 보면 실적 예상이 매우 어렵다는 것을 알 수 있다. 그러나 5년 기준으로 보면 꽤 효과적으로 변동성을 제거할 수 있다.

다음 표에서 나타나듯 주가수익률 기준 하위 20% 주식의 실적을 보면, 50년 동안 마이너스 5년 기간은 1969부터 1973년까지 단 한 번밖에 없었다.

주식시장은 대개 힘든 5년을 겪고 나면 다음 5년은 극도의 강세를 나타낸다. 주식시장의 역사를 보면 약 10년마다 2배씩 수익이 증가하는데, 5년간의 실적이 제자리를 유지하면 다음 5년 동안 이를 보충하는 경향이 있다. 수익과 주가 사이의 관계는 3장에서 살펴보자.

5년의 약세장 이후 5년의 강세장이 이어지는 패턴은 다음 표에서 확인할 수 있다. 세 번의 가장 어려운 시기를 예로 들어보자.

- 1969~73년 수익률은 −0.9%였다. 그러나 이후 5년간 수익률은 21.1%를 기록했다.
- 1970~74년도 마찬가지다. 0.4%로 약세를 보인 수익률은 다음 5년간 무려 30.7%로 급등했다.
- 2004~08년 수익률도 0.2%로 저조했으나 이후 5년 동안 25.3%까지 상승했다.

주가수익률 기준 하위 20% 주식의 5년 단위 실적 (1968~2020년)

기간	주가수익률 기준 S&P500 하위 20% 주식의 실적	기간	주가수익률 기준 S&P500 하위 20% 주식의 실적
1968-1972	8.00%	1993-1997	22.50%
1969-1973	-0.90%	1994-1998	18.70%
1970-1974	0.40%	1995-1999	19.70%
1971-1975	7.60%	1996-2000	16.60%
1972-1976	14.10%	1997-2001	16.10%
1973-1977	14.20%	1998-2002	7.00%
1974-1978	21.10%	1999-2003	14.30%
1975-1979	30.70%	2000-2004	17.40%
1976-1980	26.10%	2001-2005	15.80%
1977-1981	20.40%	2002-2006	16.20%
1978-1982	24.40%	2003-2007	18.20%
1979-1983	27.30%	2004-2008	0.20%
1980-1984	24.50%	2005-2009	4.80%
1981-1985	24.80%	2006-2010	5.60%
1982-1986	27.70%	2007-2011	2.40%
1983-1987	20.10%	2008-2012	5.60%
1984-1988	20.00%	2009-2013	25.30%
1985-1989	21.20%	2010-2014	17.70%
1986-1990	10.50%	2011-2015	13.70%
1987-1991	13.10%	2012-2016	17.20%
1988-1992	18.10%	2013-2017	17.60%
1989-1993	16.00%	2014-2018	6.40%
1990-1994	11.90%	2015-2019	9.00%
1991-1995	23.90%	2016-2020	7.80%
1992-1996	18.60%		

부진한 5년을 보낸 이후 실적

부진한 5년	주가수익률 기준 하위 20% 종목의 실적	이후 5년	주가수익률 기준 하위 20% 종목의 실적
1968-1972	8.0%	1973-1977	14.2%
1969-1973	-0.9%	1974-1978	21.1%
1970-1974	0.4%	1975-1979	30.7%
1971-1975	7.6%	1976-1980	26.1%
1998-2002	7.0%	2003-2007	18.2%
2004-2008	0.2%	2009-2013	25.3%
2005-2009	4.8%	2010-2014	17.7%
2006-2010	5.6%	2011-2015	13.7%
2007-2011	2.4%	2012-2016	17.2%
2008-2012	5.6%	2013-2017	17.6%

다양한 연구 결과

기록은 정확하다. 원칙을 갖고 장기적으로 투자하는 전략은 시간의 경과에 따라 투자자에게 우위를 제공한다. 수년에 걸쳐 진행된 다른 유사한 연구도 같은 결과를 보여준다.

주가수익률 배수에 기반한 초기 통계 연구는 밀러 앤더슨Miller Anderson 의 폴 밀러Paul Miller에 의해 수행되었다. 연구를 수행할 당시 그는 드렉 셀 번햄Drexel Burnham의 수석연구원이었다.

밀러 연구 : 주가수익률 : 더 많은 것이 더 적은가?
평균 연간 총수익의 상승과 하락 (1967~76년)

	배수별 주식 그룹	3개월 (%)	1년 (%)	2년 (%)	3년 (%)	9년 (%)
주가수익률 최상위 10분위	1	−1.6	1.1	0.0	1.1	1.4
	2	2.0	3.4	2.6	−0.7	3.2
	3	2.3	3.0	1.8	−0.5	5.4
	4	2.8	2.8	1.9	−2.4	5.9
	5	4.8	5.4	5.6	2.2	5.8
	6	5.1	7.1	6.7	2.3	4.5
	7	9.4	7.5	7.4	3.0	6.9
	8	11.8	8.4	8.7	4.1	8.4
	9	11.8	9.6	11.4	5.1	7.0
주가수익률 최하위 10분위	10	19.4	10.2	11.4	8.9	8.9

출처 : 드렉셀 번햄/배런즈, 1977년

위의 표에 나타난 연구 결과는 〈배런즈〉에 실렸다. 주가수익률 기준 하위 10분위 주식은 모든 기간(1년, 2년, 3년, 9년)에서 가장 높은 성과를 보였다. 이들은 심지어 주가수익률 기준 평균에 속한 주식의 실적도 능가했다(10분위 5, 6).

초기 연구

나는 다음 질문을 자주 받는다.

> "주가수익률 기준 하위에 속한 주식이
> 결국 높은 실적을 보인다는 이론은
> 시장 초기부터 항상 작동했나요?"

밀러의 연구 기간과 다른 시기에도 수많은 연구가 진행되었다. 다음 표는 〈파이낸셜 애널리스트 저널〉에 실린 프랜시스 니콜슨Francis Nicholson의 연구 결과를 보여준다.

그의 연구는 1937~63년 동안 100대 우량주를 중심으로 진행되었다. 연구 결과 주가수익률 기준 하위 5분위에 속한 주식은 모든 기간

프랜시스 니콜슨의 5분위 (1937~63년)

	배수별 주식 그룹	1년 (%)	2년 (%)	3년 (%)	4년 (%)	5년 (%)	6년 (%)	7년 (%)
주가수익률 최상위 5분위	1	3	11	21	31	46	65	84
	2	6	14	24	35	50	65	83
	3	7	18	30	43	60	77	96
	4	9	22	34	48	65	82	100
주가수익률 최하위 5분위	5	16	34	55	76	98	125	149

출처 : 파이낸셜 애널리스트 저널, 1968년 2월

에서 가장 높은 성과를 나타냈다. 밀러와 니콜슨, 그리고 우리의 연구 결과는 1937년부터 지금까지 83년 동안 가치투자의 우수한 실적을 잘 보여준다.

> **key point**
>
> 이들 연구와 다른 기간에, 다른 지표를 사용해 수행한 연구에서도 '5년의 법칙'이 나타났다. 그리고 그 결과는 모두 원칙 기반의 장기적인 가치투자가 투자자에게 확실하게 이익을 준다는 것을 보여준다.
>
> 이것은 이 책에 기술된 투자 철학의 핵심이다.

3장

수익 : 왜 주식은 상승할까?

시간이 지나며 주가가 오르는 이유는 수익을 좇기 때문이다. 수익은 장기적으로 증가한다.

불규칙적이긴 하지만 수익은 보통 10년에 한 번꼴로 두 배가 된다. 기업은 경기 침체나 인플레이션, 팬데믹, 국제적 위기 같은 상황에 직면했을 때 이를 해결하고자 가격을 조정함으로써 수익을 증가시킨다. 그리고 그 혜택은 투자자에게 돌아간다.

1940년부터의 현황을 보여주는 다음 도표는 해당 기간에 총 13회의 경기 침체가 발생했음에도 불구하고, 주당순이익EPS[14]으로 표시된 기업의 총수익이 어떻게 꾸준히 증가했는지를 보여준다.

---

14 기업이 벌어들인 순이익을 그 기업이 발행한 총 주식수로 나눈 값.

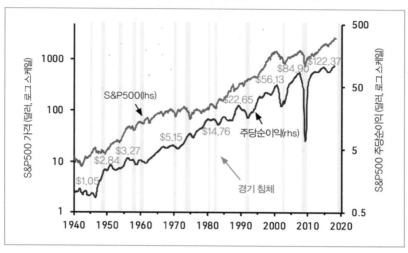

S&P500 주당순이익 및 가격 (1940~2020년)

출처 : SCCM, 2021년

다음 표는 S&P500 주당순이익이 약 10년마다 2배가 되는 상황을 보여준다.

S&P500 주당순이익 (1932~2018년)

연도	주당순이익	2배가 되기까지 소요 연수	연도	주당순이익	2배가 되기까지 소요 연수
1932	0.41달러		1984	16.64달러	11
1936	1.02달러	4	1995	33.96달러	11
1948	2.29달러	12	2006	81.51달러	11
1963	4.02달러	15	2018	150.00달러	12
1973	8.16달러	10			

출처 : S&P, 2019년

배당수익

수익과 주가의 연관관계는 배당수익을 통해서도 설명할 수 있다. '주가수익률'은 비율이고 월스트리트에서 주로 사용하는 용어다. 하지만 '배당수익'은 일반인도 아는 용어로, 투자자는 이를 통해 주식의 실제 수익을 부동산이나 채권 같은 다른 투자 형태의 수익과 비교할 수 있다.

배당수익은 투자에 대한 수익을 나타낸다. 예를 들어, 10달러짜리 주식이 1달러의 수익을 내면 배당수익은 10%가 된다(주가수익률은 10배). 이러한 수익이 주당 2달러로 증가하면 배당수익은 본래 투자 대비 20%로 상승한다.

이런 예시는 주식시장의 현황보다는 주가 수익의 중요성을 일깨우는 데 도움을 준다.

4장

배당금

지난 60년간의 수익 상황을 살펴본 후 같은 기간 배당금도 함께 알아보자.

다음 도표는 S&P500 지수 대비 배당 증가 현황을 보여준다. 1940~2019년 배당금 증가는 수익금 증가보다 고르고 변동성이 낮게 움직였다. 또한, 12번의 불경기를 지나며 배당금은 사실상 모든 기간에 증가했다.

유일한 예외는 2009~10년 경기 침체기로, 당시 은행은 정부의 부실자산 구제 프로그램TARP Program으로 배당금을 삭감하거나 없애도록 강요받았다.

S&P500 지수 및 주당배당금 (1940~2020년)

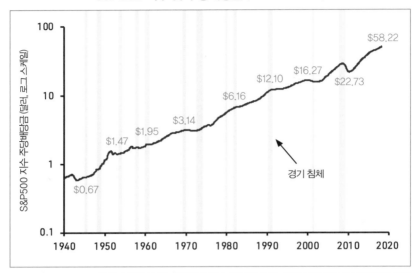

출처 : 로버트 실러, 네드 데이비스 리서치, S&P, 모건스탠리 리서치, 2020년 12월

그러나 위의 도표에 나타나듯 이후 배당금은 다시 역대 최고치를 경신했다.

이제부터는 주요 하락기 사례 2가지를 살펴보자.

첫 번째는 1973~75년 경기 침체기다.

이 시기는 거의 2년간 지속됐고, 주가는 약 50% 하락했다. 기업 실적도 50% 하락했다.

1장 '주식시장 100년의 역사'에서 이야기했듯이 이 시기 월스트리트는 완전한 혼돈 상태였다. 신용계좌는 연일 청산됐고, 주요 업체도 줄줄이 파산했다. 이런 상황에서 S&P500 주식 배당금이 이 기간 내내 증가했다는 건 믿기 어려울 만큼 놀라운 일이다.

S&P500 지수 및 주당배당금 (1972~76년)

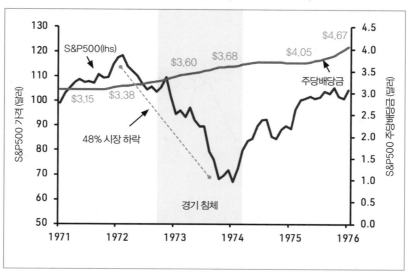

출처 : 블룸버그, 2021년

두 번째는 1980년대 '더블딥 불황'이다.

이 시기는 거의 3년간 지속됐고, 당시 폴 볼커 연준 의장은 금리를 20%까지 인상했다. 금융시장은 즉각 타격을 받아 주가수익률 배수는 역사상 가장 낮은 수준으로 떨어졌다. 그러나 S&P500 주당 배당금은 또다시 계속해서 증가했다.

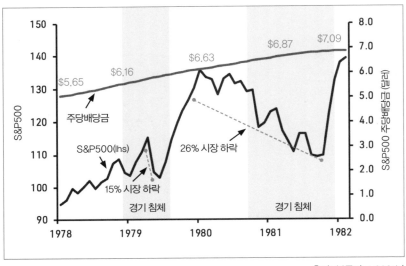

S&P500 지수 및 주당배당금 (1979~82년)

출처 : 블룸버그, 2021년

5장

가치주 vs. 성장주

가치주 투자냐, 성장주 투자냐에 대한 논쟁은 항상 존재했다.

그런데 이 논쟁을 편파적으로 만드는 이유가 있다. 성장주 투자가 모든 언론의 호의적인 관심을 받는 데 반해, 가치주 투자에 대해서는 항상 '가치주 투자의 죽음'과 같은 기사만 쏟아지기 때문이다. '성장주 투자의 죽음'이라는 머리기사를 본 적이 있는가?

이러한 점을 고려하면 다음 연구 결과는 당신을 매우 놀라게 할 것이다. 이 연구는 5년 연속 수익률을 바탕으로 성과를 측정했다. 앞서 살펴봤듯, 5년은 연간 실적 변동성이 완화되기에 충분한 시간이다. 따라서 1968년부터 5년 단위를 적용하면 기간별 가치주 투자(주가수익률 하위 20%)와 성장주 투자(주가수익률 상위 20%)의 성과를 비교할 수 있다.

S&P500 주가수익률 기준 최하위 및 최상위 주식 (1968~2020년)

	5년간 구분	주가수익률 상위 20% (성장주)	주가수익률 하위 20% (가치주)	가치주 상회 폭	성장주 상회 폭
	1968-1972	3.25%	7.96%	4.71%	
	1969-1973	-3.80%	-0.88%	2.93%	
	1970-1974	-6.13%	0.42%	6.55%	
	1971-1975	3.05%	7.59%	4.55%	
	1972-1976	4.35%	14.06%	9.71%	
	1973-1977	-0.75%	14.18%	14.93%	
	1974-1978	5.59%	21.06%	15.48%	
	1975-1979	18.97%	30.73%	11.77%	
	1976-1980	17.20%	26.06%	8.85%	
	1977-1981	10.15%	20.38%	10.22%	
	1978-1982	20.34%	24.39%	4.06%	
	1979-1983	27.09%	27.31%	차이 없음*	
	1980-1984	16.42%	24.53%	8.10%	
	1981-1985	13.96%	24.79%	10.83%	
	1982-1986	15.18%	27.74%	12.56%	
	1983-1987	10.50%	20.06%	9.56%	
	1984-1988	6.30%	20.04%	13.74%	
	1985-1989	14.06%	21.16%	7.10%	
	1986-1990	4.23%	10.52%	6.29%	
	1987-1991	10.95%	13.05%	2.10%	
	1988-1992	12.25%	18.11%	5.86%	
	1989-1993	13.12%	15.98%	2.85%	
	1990-1994	9.63%	11.85%	2.22%	
	1991-1995	20.74%	23.95%	3.21%	
	1992-1996	17.43%	18.65%	1.22%	
	1993-1997	16.98%	22.50%	5.52%	
	1994-1998	17.78%	18.66%	차이 없음*	
테크 버블로 인한 과열기	1995-1999	24.19%	19.72%		4.47%
	1996-2000	17.73%	16.63%		1.11%

	5년간 구분	주가수익률 상위 20% (성장주)	주가수익률 하위 20% (가치주)	가치주 상회 폭	성장주 상회 폭
	1997-2001	10.47%	16.09%	5.62%	
	1998-2002	-1.68%	7.01%	8.68%	
	1999-2003	4.81%	14.30%	9.49%	
	2000-2004	1.82%	17.38%	15.56%	
	2001-2005	3.97%	15.77%	11.80%	
	2002-2006	9.79%	16.16%	6.36%	
	2003-2007	18.97%	18.16%	차이 없음*	
	2004-2008	-7.44%	0.23%	7.67%	
	2005-2009	-0.05%	4.81%	4.86%	
	2006-2010	3.16%	5.61%	2.45%	
	2007-2011	-0.59%	2.41%	2.99%	
	2008-2012	3.13%	5.64%	2.51%	
	2009-2013	27.24%	25.27%		1.97%
소셜 미디어로 인한 과열기	2010-2014	17.46%	17.68%	차이 없음*	
	2011-2015	13.80%	13.70%	차이 없음*	
	2012-2016	17.75%	17.19%	차이 없음*	
	2013-2017	15.99%	17.57%	1.58%	
	2014-2018	7.74%	6.36%		1.38%
	2015-2019	9.92%	8.98%	차이 없음*	
	2016-2020	11.82%	7.79%		4.03%
		연간 수익률		평균 상회 폭	
	51년 동안 (1968-2020)	9.70%	14.60%	7.15%	2.59%

*차이 없음 = 차이가 1% 미만인 경우
출처 : S&P, SCCM 리서치

테크 버블 시기와 2014~20년 FANG 주식 및 소셜 미디어 붐 시기만 제외하면, 가치주 투자의 성과는 성장주 투자의 성과를 크게 앞질렀다.

하물며 두 번의 예외 시기조차 성장주 투자의 성과는 미미했다. 그리고 일단 가치주의 성과가 성장주의 성과를 앞지르고 나면, 성과 차이는 계속해서 벌어지는 경향이 있다.

앞의 표에서 나타나듯, 50년 전 기간에 걸쳐 가치투자의 성과가 50% 이상 높았다(15.43% vs. 9.43%).

그렇다면, 왜 모두가 가치투자 전략을 사용하지 않는 것일까?

지난 2005년 가치주 투자와 성장주 투자의 결과 비교 연구를 수행한 후, 우리는 왜 모두가 가치주 투자를 안 하는지 궁금했다. 가치주 투자의 성과는 매우 높고 지속적이었기 때문이다.

이 질문에 답을 하고자 우리는 2005년 이전 20년간의 성과 추적을 위해 두 번째 연구를 수행했다. 그 결과는 다음 표에 나와 있다.

실적별 순위 (1985~2004년)

	연간 실적	연수	
		최고	최저
1. 대기업 가치주	14.50%	2	0
2. 해외 주식	11.80%	6	7
3. 소형주	11.30%	6	6
4. 대기업 성장주	11.10%	4	1
5. 채권	8.80%	2	6

대기업 가치주 : S&P500 주가수익률 하위 20% 주식
해외 주식 : 모건스탠리 EAFE
소형주 : 러셀 2000 소형주 지수
대기업 성장주 : S&P500 주가수익률 상위 20% 주식
채권 : 리먼 브라더스 종합채권지수

가치주 투자는 20년 내내 좋은 실적을 거두었지만, 최고의 성과를 낸 건 20년 중 2년에 불과했다. 다시 말해, 나머지 18년 동안은 가치주 투자 외에 다른 전략이 더 좋은 성과를 내며 언론의 주목을 받았다는 것이다. 이 연구 결과는 34장 '월스트리트의 퀼트'에서 좀 더 자세히 살펴보자.

6장

가치주의 실적이 높은 이유

　5장 '가치주 vs. 성장주' 내용을 보면 가치주 실적이 성장주 실적을 지속적으로, 그것도 큰 폭으로 앞선다는 사실을 알 수 있다. 여러분은 이를 믿기 어려울 것이다. 앞서 확인했듯, 언론은 오직 성장주에만 열광하며 보도하는 탓에 가치주의 꾸준한 성장에 관해 대중은 알 길이 없기 때문이다.

　가치주가 성장주를 크게 앞서는 이유는, 성장주의 경우 하락이 한번 시작하면 가파르고 길게 이어지기 때문이다. 반면, 가치주는 상승기에도 완만하게 올라가고 성장주가 투자자의 관심에서 멀어질 때 성장주 실적을 눈에 띄게 앞선다.

　'가치주 vs. 성장주' 연구의 핵심은 5년 단위로 성과를 분석하는 것이다. 이는 앞서 말했듯이 성과를 고르게 하고 성장주와 가치주 논쟁에 열쇠를 제공한다.

다음 도표는 성장주가 크게 인기를 끌었던 시기를 보여준다. 이때는 소수의 고성장주가 S&P500 지수의 상승을 견인했다. 니프티50 버블 및 테크 버블 시기에는 가장 인기 있는 종목이 S&P500에서 가장 큰 비중을 차지했다. 전체 시가총액 대비 인기 종목의 비중은 니프티50 버블기에 23.1%, 테크 버블기에 18.0%였다.

도표의 가장 오른쪽은 2020년 FANG 주식의 비중이 가장 높았던 시기다. 마이크로소프트, 애플, 아마존, 알파벳(구글), 페이스북 5개 종목의 시가총액이 S&P500 시가총액의 21.5%를 차지했다.

도표 아래 이어지는 첫 번째, 두 번째 표는 각각 니프티50 및 기술주가 이후 5년, 심지어 10년 동안 어떻게 가파르게 떨어지는지 보여준다.

세 번째 표는 FANG 호황기 당시 주가수익률 배수를 기준으로 가장 높은 집중도를 보인 4개의 주식을 나타낸다. 아직은 이 시기가 어떻게 전개될지 알 수 없다.

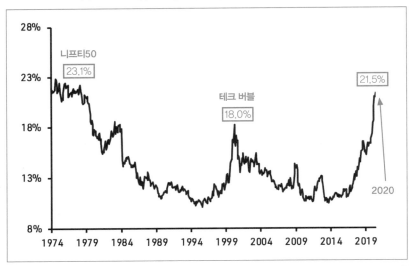

S&P500 지수 소속 5개 대형주의 시가총액 집중도

니프티50
23.1%

테크 버블
18.0%

21.5%

2020

출처 : 모건스탠리 리서치, 2020년 6월

성장주의 조정

1973~75년 니프티50 버블기

대규모 확장	상위 주식	상위 주가수익률 배수	5년 후 수익률 (1980년)	10년 후 수익률 (1985년)
니프티50				
	에이본 프로덕트	63x	−58%	−66%
	제록스	254x	−70%	−83%
	폴라로이드	26x	−79%	−87%
	이스트만 코닥	24x	−66%	−42%

2000년 테크 버블기

대규모 확장	상위 주식	상위 주가수익률 배수	5년 후 수익률 (2005년)	10년 후 수익률 (2010년)
테크 버블				
	시스코	230x	−78%	−67%
	인텔	50x	−66%	−76%
	마이크로소프트	79x	−55%	−48%
	오라클	60x	−71%	−41%

2020년 FANG 버블기

대규모 확장	상위 주식	주가수익률 배수 (2020. 6. 30)	5년 후 수익률 (2025년)	10년 후 수익률 (2030년)
FANG				
	페이스북	52x	?	?
	아마존	243x	?	?
	넷플릭스	471x	?	?
	구글	38x	?	?

출처 : SCCM, 2021년. 단지 설명 목적으로 사용함.
* 위에 언급된 주식을 매매 목적으로 추천하지는 않음.

7장

위험이 조정된 실적

투자자에게 가장 큰 위험 중 하나는 위험을 무시하는 것이다.

금융업계에서는 포트폴리오 관리자의 성과를 측정할 때 절대 실적을 평가한다. 이것은 얼핏 논리적으로 보인다. 하지만 투자자가 가격이 높을 때 주식을 사고, 가격이 낮으면 팔아버리는 이유가 바로 여기에 있다.

포트폴리오 관리자의 성과를 측정하는 전통적인 방식은 1년, 3년, 5년 단위로 절대적인 성과 수치를 평가하는 것이다.

회사는 보통 5년간 최고의 실적을 유지한 관리자는 그대로 두고, 최악의 실적을 낸 사람은 해고한다. 이 역시 당연한 듯 보이지만, 역사를 돌이켜보면 정반대로 조치해야 한다는 걸 알 수 있다.

원래 투자자란 실적을 좇아 많은 위험을 감수하고 도전하는 사람이

기 때문이다. 절대적인 성과 수치보다 면밀한 평가가 필요하다.

그렇다면 회사는 어떻게 해야 할까?

한 가지 해답은 위험이 조정된 실적을 평가하는 것이다.

월스트리트의 영업 관련 자료에는 대부분 위험에 관한 내용이 실려 있지만, 이것이 성과 측정에 적용되는 경우는 거의 없다. 일반적인 투자자는 절대적인 실적을 원하지만, 이 실적은 반드시 위험이 고려된 수치여야 한다. 위험은 측정할 수 있다.

기본적이고 이해하기 쉬운, 금융 분석가가 일반적으로 사용하는 2가지 표준 위험 측정 기준이 있다. 하나는 개별적인 주식 변동성을 나타내는 베타, 다른 하나는 포트폴리오 전체의 변동성을 나타내는 표준편차다.

다음 연구에서 성과의 단위는 동일한 위험에 대해 조정된다. 위험 측정이 어떻게 진행되는지 설명하기 위해 쉬퍼 쿨렌 고배당 지수Schafer Cullen High Dividend composite 사례를 예로 들어보겠다.

다음 도표는 가치주가 관심을 받지 못했던 9년간의 실적을 보여준다. 이 시기에 쉬퍼 쿨렌 고배당 지수의 실적은 14.8%였다. 각각 17.3%, 18.2%의 실적을 기록한 러셀 1000밸류 지수Russell 1000 Value Index 와 S&P500 지수보다 저조한 성과를 보였다.

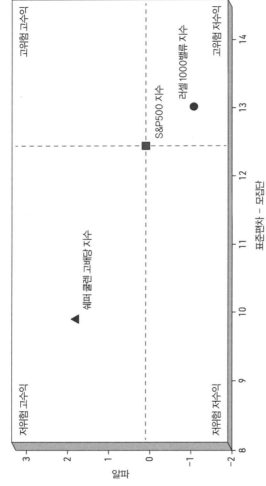

위험이 조정된 알파 : 2009년 2월 28일~2017년 12월 31일

	투자수익률	표준편차 모집단	알파	베타
▲셰퍼 쿨렌 고배당 지수	14.76	9.85	1.71	0.71
●러셀1000밸류 지수	17.33	12.97	-1.15	1.03
■S&P500 지수	18.22	12.38	0.00	1.00

* 이 분석에 사용된 벤치마크는 S&P500임.

그러나 위험이 조정된 기준으로 측정하면 완전히 다른 결과가 나온다. 쉐퍼 쿨렌 고배당 지수는 S&P500 지수를 약 200bp, 러셀 1000밸류 지수는 300bp 차이로 뛰어넘었다.

결론적으로, 투자자는 투자 성과를 볼 때 어떤 위험 척도가 적용됐는지 확인해야 한다.

8장

장기적인 가치투자

분명히 효과가 있다!

다음 표는 가치투자 전략의 이점을 요약한다. 도표는 5년 투자의 단계적 수익률 및 해당 기간 내 가치주 vs. 지수(패시브[15]) 전체 수익률, 경기 침체기, 약세기를 포함하고 있다.

---

15 특정 지수를 추종하는 펀드.

장기 투자, 액티브 vs. 패시브
5년 연속된 기간 (1968~2017년)

	주가수익률 기준 하위 20% 주식 수익률	S&P500 지수 (패시브) 수익률	경기 침체기	약세장	약세장 하락률
1968-1972	8.0%	7.5%	1969-1970	1968.2 ~1970.5	-36%
1973-1977	14.2%	-0.2%	1974-1975	1973.1 ~1974.2	-46%
1978-1982	24.4%	14.1%	1979	1981.4 ~1982.8	-24%
			1981-1982		
1983-1987	20.1%	16.5%		1987.8 ~1987.10	-33%
1988-1992	18.1%	15.1%	1990-1991	1990.7 ~1990.10	-20%
1993-1997	22.5%	20.3%			
1998-2002	7.0%	-0.6%	2000-2001	1998.7 ~1998.8	-19%
				2000.1 ~2001.9	-34%
				2002.3 ~2002.10	-34%
2003-2007	18.2%	12.8%		2007.10 ~2009.3	-56%
2008-2012	5.6%	1.7%	2008-2010	2011.4 ~2011.10	-19%
2013-2017	17.6%	15.8%			
2018-2022	–	–	–	–	–
평균	15.4%	10.1%			
1968-2017 (100만 달러)	12억 8,100만 달러	1억 2,000만 달러			

* 연간 수익률

출처 : SCCM 리서치, 2018년

이 도표는 가치투자의 이점과 함께 5년 단위의 단계적인 성과 측정 방식을 보여준다.

첫 번째 열은 주가수익률 기준 S&P500 하위 20% 주식의 5년 단위 수익률을 나타낸다.

두 번째 열은 패시브 또는 지수 실적에 상응하는 S&P500 지수 수익률을 보여준다.

세 번째, 네 번째 열은 각각 5년간의 경기 침체 및 약세장을 보여준다.

다섯 번째 열은 약세장 동안의 하락 폭을 나타낸다.

연구 결과 S&P500 지수의 연평균 수익률은 10%인 반면, 주가수익률 기준 하위 20% 주식의 연평균 수익률은 15%로 나타났다. 상위 20% 주식은 9.7%였다. 표의 맨 아래 줄에는 1968~2017년 각 전략에 투자한 100만 달러의 총가치가 나와 있다.

신규 투자자에게 실질적인 도전은 5년 주기를 극복하는 것이다. 처음 5년 중 어느 시점엔 "내가 이 시장에 왜 있는 거지?" 혹은 "내가 왜 가치주에 투자하지?" 이런 생각이 들 수 있다. 아니면 두 생각 모두 들 수 있다.

하지만, 투자자가 처음 5년을 무사히 통과하면 분명 장기 투자를 신뢰하게 된다. 그리고, 대부분의 경우에서 그 과정을 지속하게 된다는 것을 알 수 있었다.

끝까지 버티기

1장 '주식시장 100년의 역사'에서 우리는 투자자를 위한 이른바 100년 전쟁을 살펴보았다. 이를 통해 시장이 좋든 안 좋든 한 가지 투자 전략을 고수하는 것이 얼마나 어려운지 알 수 있을 것이다.

다음은 끝까지 버텼을 때 어떤 일이 일어날 수 있는지를 보여주는 대표적인 사례다.

성공사례 : 플로리다 의사들의 장기 가치투자

1970년대 후반에서 1980년대 초반, 내가 도날슨 러프킨 앤드 제네트Donaldson, Lufkin and Jenrette, 이하 DLJ에서 근무할 때 나는 플로리다 팜 비치 지역의 몇몇 의사들 돈을 관리하고 있었다. 당시 IRA 계좌가 새로운 투자 수단으로 등장했다. 이를 통해 투자자는 매년 소액이나마 비과세 혜택을 볼 수 있다.

그렇게 의사들은 매년 IRA(개인 연금 주식) 계좌에 돈을 넣었다. 하지만 워낙 소소한 금액이라 신경 쓰지 않았다. 대신 그들은 병원 진료와 부동산 투자에 골몰하며 고급 자동차와 두 번째 부인을 탐닉했다.

그리고 몇 년 후, 이들 계정 중 일부는 제법 규모가 커졌다. 그러자 비로소 의사들은 이를 알아차리기 시작했다. 이 일을 계기로 존경받는 의사 겸 투자자인 시니어 의사 한 명은 항상 주변 동료들에게 IRA 계좌를 손대지 말고 그대로 놔두라고 말한다.

50년이 지난 현재, 나는 아직도 이들 중 몇몇 의사들의 IRA 계좌를 관리하고 있다. 이들은 투자를 꾸준히 이어 나간 덕분에, 계좌 신설 이후 잔고가 6,000%나 증가했다. 상당수 계좌에서 수백만 달러가 인출됐지만, 여전히 수천만 달러가 예치돼 있다. 한편, 이들 의사는 IRA 계좌를 제외한 다른 투자에서는 썩 좋은 결과를 내지 못했다.

이러한 성과는 수십 년간 마켓 타이밍^{Market Timing}[16]의 유혹을 이긴 결과를 잘 보여준다.

---

16   주식시장의 상승과 하락을 예측해 높은 수익률을 얻으려는 투자 행위.

Cullen의 PER, PBR, 배당수익률 전략
한국 시장 백테스트* 결과 1 (2003. 4. 30 ~ 2022. 11. 2)

수익 그래프

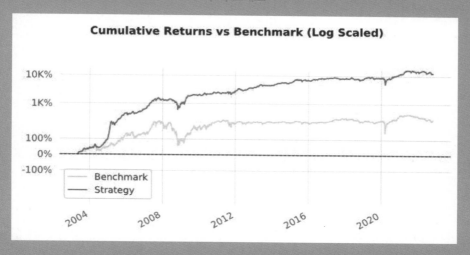

연복리수익률 및 총 수익률

Metric	Strategy	Benchmark
Risk-Free Rate	0.0%	0.0%
Time in Market	100.0%	100.0%
Cumulative Return	13,028.70%	289.90%
CAGR	28.38%	7.22%

* 백테스트 : 현재 투자전략을 과거에 사용했다면 어느 정도 수익을 낼 수 있었는지 검증하는 작업.

* 출처 : 강환국 작가 제공

Cullen의 PER, PBR, 배당수익률 전략에 따라 투자할 경우, 수익은 우상향하는 모습을 보인다. 연복리수익률은 28.38%, 총수익은 13,028.70%이다. 원금이 20년 만에 130배가 된다는 것을 의미한다.

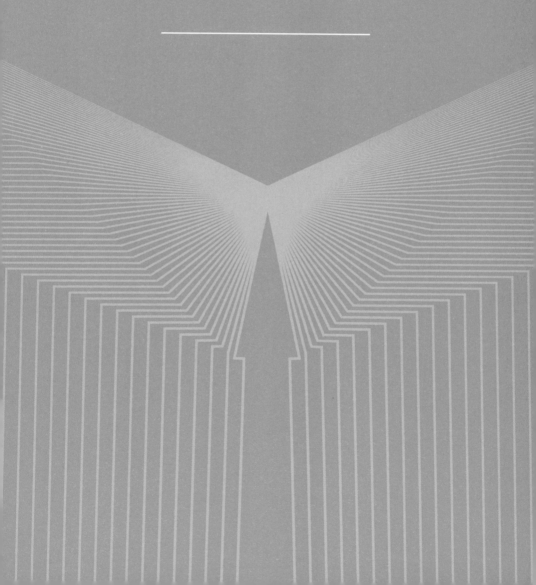

패턴 3

마켓 타이밍에
대한 오해

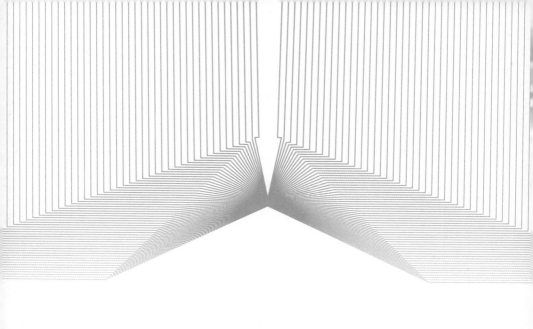

패턴 3에서는 성공적인 투자 관점에서
미묘하지만 매우 중요한 부분,
마켓 타이밍 회피에 관해 설명한다.

마켓 타이밍은
장기적인 성과를 방해하는 침묵의 살인자로 통한다.

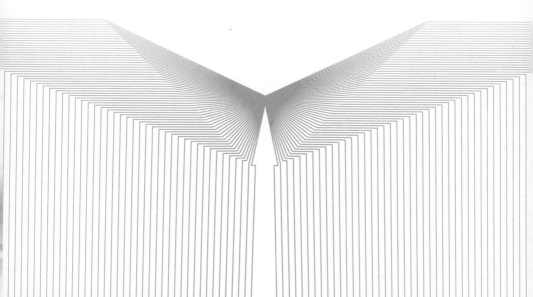

9장

마켓 타이밍은 침묵의 살인자

주식에 대한 마켓 타이밍 접근법은 특별히 유혹적이다. 투자자는 대개 자신이 아주 합리적인 이유 때문에 행동한다고 여기기 때문이다. 그러나 결국 이런 이유가 마켓 타이밍을 잘못 잡는 원인이 된다.

마켓 타이밍은 크게 두 가지 형태다.

1. 현금 또는 현금성 자산으로의 전략적 전환
2. 실적 개선을 위한 시도

하나씩 차례로 살펴보자.

마켓 타이밍 1. 현금으로 전환

• 투자자 두 명의 사례

1985년, 엘리트 고객 두 명이 나와 같은 날 투자를 시작했다.

고객 A는 1년에 한 번 뉴욕에 와서 시장 상황을 논의했고, 우리의 투자 방식에 편안함과 안정감을 드러냈다.

반대로, 상당히 유식했던 고객 B는 시장에 부정적인 상황이 발생할 때마다 이에 대응하며 20년간 다섯 번 정도 현금으로 전환했다. 예를 들어, 9.11 테러 직후에는 보유 주식의 50%를 현금으로 전환했다.

이런 상황에서 고객 A는 보유 주식을 그대로 유지했다.

이들이 투자를 시작하고 20년이 지났을 무렵, 나는 두 계좌의 상대적 성과가 궁금했다. 그리고 결과를 확인해본 결과, 시장에서 몇 번의 움직임만으로도 성과 차이가 극적으로 벌어질 수 있다는 사실에 큰 충격을 받았다.

고객 A는 고객 B보다 투자 성과가 1,000% 더 높았다.

두 고객의 20년 수익률은 다음과 같다.

> • 고객 A 계좌 : 1,501%
> • 고객 B 계좌 : 519%

• 푸르덴셜의 연구

1991년, 푸르덴셜Prudential은 투자자가 공포에 휩싸여 다급하게 현금으로 전환할 경우 대부분 큰 손해를 봤다는 연구 결과를 발표했다.

30년 수익률을 분석한 결과 주식은 채권 수익률이나 물가상승률보다 3배 이상 높은 수익률을 보였다. 그러나 360개월 중 나타난 10번의 주요 1개월 기간에 현금으로 전환한 경우, 수익률 우위는 완전히 사라진 것으로 나타났다.

10번의 주요 1개월이 언제가 될지 투자자는 미리 알 수가 없다. 따라서 완전한 이익을 얻으려면 주식 투자를 100% 그대로 유지해야만 했다.

• 템플턴의 발견

전설적인 투자자 존 템플턴John Templeton은 1992년 사내 연례 회의에서 다음과 같이 말했다.

"오늘날 투자자들이 저지르는 가장 큰 실수는 현금을 보유함으로써 안전하게 투자하고 있다고 믿는 것이다. 1969년부터 1991년까지 23년간 템플턴 펀드에서 진행한 연구에 따르면, 운이 좋아 매년 저점에서 템플턴 성장 펀드에 투자했다고 가정했을 때 연간 수익률은 매년 고점에서 투자한 수익률에 비해 고작 1% 높아질 뿐이었다.

투자하기 가장 좋은 때와 나쁜 때의 수익률 차이는 1%에 불과한 셈이다. 이것이 장기 투자자에게 주는 메시지는 분명하다. 투자하기 가장 좋은 때는 돈이 있을 때다. 마켓 타이밍은 잊어라."

• 재앙적 시나리오

전문가의 지나친 약세 전망 탓에, 현금 보유를 최선으로 판단할 때도 있다. 가장 대표적인 사례는, 월스트리트에서 가장 높은 평가를 받았던 기관조사인 뱅크 크레딧의 애널리스트가 1981년에 한 논평이다.

은행업계의 순자산이 급감하며 파산이 속출하는 가운데 개인과 기업이 부담스러운 이자 지급을 감당하지 못하는 사례가 늘고 있다. 이 가운데 채권, 주식, 원자재, 부동산 등 모든 장기 자산은 계속해서 청산된다.

이런 상황이 단기간에 끝날 것 같지 않다.

극심한 유동성 및 깊은 불황을 만드는 압력이 빠르게 증가하고 있다. 은행업의 재앙에 더해 각 주 및 지방자치 단체를 압박하는 극심한 재정난, 그리고 주택 부문 핵심 주체들의 몰락은 긴 불황을 의미한다.

디플레이션 환경은 긴 경기 침체와 함께 경제의 가장 취약한 부분에 대한 지속적인 압박을 의미한다. 최악의 상황은 아직 오지 않았다.

다우존스 산업평균지수 (1975~2005년)

〈비즈니스위크〉가 말한
주식의 종말

출처 : 블룸버그

이런 판단은 투자자가 시장에 머무르는 것을 어렵게 한다.

1981년 10월, 논평이 발표됐을 당시 경제는 여전히 불황이었고, 주식은 역대 최저 수준이었다. 〈비즈니스위크〉는 '주식의 종말'이라는 제목의 표지 기사를 실었다.

그러나 훗날 장기 투자자에게 이 시기는 역사상 가장 큰 매수 기회임이 데이터로 입증됐다. 이 같은 사실은 가장 비관적인 순간이 결코 현금 보유나 '안전'자산 투자로 선회할 시기가 아님을 보여준다.

이런 종류의 마켓 타이밍은 투자 성과를 내지 못하게 방해한다.

마켓 타이밍 2. 실적 개선

• 마켓 타이밍에 관한 '피터 린치'의 논평

1980년대에서 1990년대까지 피터 린치^{Peter Lynch}는 피델리티^{Fidelity}의 마젤란 펀드^{Magellan Fund}를 운용했다. 마젤란 펀드는 미국 내 최대 규모, 최고 인기 펀드였다. 그는 업계 최고의 펀드매니저로 유명했다. 마젤란 펀드의 수익률은 15년간 연평균 15%씩 상승했다.

당시 마켓 타이밍에 관해 피터는 다음과 같이 말했다.

다우지수의 6개월 후, 1년 후를 예측하는 건 소용없는 짓이다. 그런데도 사람들이 주식시장 예측에 많은 시간을 소비하고 있는 것을 보면 그저 놀라울 뿐이다. 1년에 14분 이상을 경제학 공부에 쓴다고 가정하면, 12분을 낭비한 셈이다. 한 해에서 다음 해로 넘어갈 때, 주식시장은 동전 던지기나 마찬가지다. 오를 수도 있고, 내릴 수도 있다. 주식의 실제 돈은 3년 차, 4년 차, 5년 차에 비로소 만들어진다. 이는 여러분이 기업의 수익에 관여하고 있기 때문이다. 그리고 이 수익은 시간이 지나며 증가한다.

얼마 후, 마켓 타이밍과 관련해 피델리티 실적을 분석한 연구가 진행됐다는 소문이 있었다. 연구 결과 마젤란 펀드의 경이적인 실적에도 불구하고 대부분 투자자는 돈을 벌지 못했다. 오히려 잃은 것으로 나타났다. 많은 투자자가 긍정적인 뉴스가 나오고 펀드 가격이 높을 땐 펀드를 샀다가, 부정적인 뉴스가 나오고 펀드 가격이 하락하면 팔아 버렸기 때문이다. 피델리티는 이 연구의 존재 자체를 부인했지만, 마젤란 투자자들의 실적은 어느 정도 사실인 것으로 알려져 있다.

• 투자자 인텔리전스 연구

설문조사업체 투자자 인텔리전스Investor's Intelligence는 주식 전문가를 대상으로 설문조사를 진행한 적이 있다. 주식시장 역사상 가장 강력한 5년이 시작됐던 1995년 초, 당시 설문 대상자의 60%가 시장 약세를 예측했다. 전문가들은 약세 전망에 대해 충분한 근거가 있는 듯했다. 그러나 그 뒤로 1995년부터 2000년까지 막강한 5년이 지속됐다.

• 전술적 자산 배치

1980년대 후반, 우리 회사는 대규모 국가 연기금 자산 운용을 시작했다. 해당 기금의 투자위원회는 지나치리만큼 위험에 회피적이었고, 가치투자 전략을 추구했다. 투자가 시작된 지 6개월 후, 시장이 상승해 실적도 매우 좋았다. 그러나 연기금 측은 지금 실적이 매우 인상적이지만, 거절하기엔 너무 좋은 기회가 생겨 샌프란시스코의 한 회사로 계좌를 모두 이전할 것이라고 밝혔다.

연기금이 차마 거절할 수 없었던 새로운 전략은 '전술적 자산 배치'이었다. 이것은 이른바 '소유 공식(오늘날에는 알고리즘으로 불림)'에 기반을 둔 것이다. 언제 주식에 투자해야 하고, 언제 채권에 투자해야 하는지 완벽한 신호를 제공한다.

당시 전술적 자산 배치 전략은 연기금 사업에서 유행처럼 번져나갔다. 샌프란시스코 기업 몇 곳은 이를 이용해 수십억 달러를 유치했다.

일단 신규 업체는 연기금 자산 관리를 시작하면 소유 공식을 따랐다. 예를 들어, 주식에서 나와 채권으로 들어가라는 신호를 나오면 그대로 실행했다. 그러나 주식의 상승장은 채권으로 갈아탄 뒤에도 계속해서 이어졌다. 오히려 더 큰 폭으로 상승하자 펀드매니저들은 채권으로 괜히 갈아탔다고 불평하는 고객들로부터 압박을 느끼기 시작했다. 그래서 이들은 다시 주식으로 돌아갈 수 있도록 공식을 조정했다.

결국 채권으로의 이동은 주식의 정점에서 발생해 대량 매도세를 촉발했다. 6개월 후, 고객들은 전술적 자산 배치 전략에서 벗어났고, 이후 이들에 대한 소식은 들리지 않았다.

전술적 자산 배치라는 용어는 이미 사라진 지 오래다. 하지만 접근 방식의 변화, 그중에서도 알고리즘 전략은 계속해서 제시되고 있다. 대개 전술적 자산 배치와 비슷한 부정적인 결과를 초래한다.

---

key point

마켓 타이밍에 대한 설문조사(실적 개선을 위해 주식을 현금이나 기타 자산으로 전환하는 것)는 마켓 타이밍이 투자 성과에 있어서 '침묵의 살인자'임을 보여준다.

Cullen의 PER, PBR, 배당수익률 전략
한국 시장 백테스트 결과 2 (2003. 4. 30 ~ 2022. 11. 2)

월별, 연별 수익

Monthly Returns (%)

Year												
2003	0.00	0.00	0.00	-0.31	12.10	0.57	3.22	12.29	1.31	0.60	0.88	7.00
2004	-4.00	3.43	5.32	1.22	-4.61	-1.54	0.88	6.91	7.67	5.80	6.13	11.47
2005	23.97	24.19	-8.91	0.82	2.74	8.22	15.88	0.58	18.75	4.96	11.52	2.65
2006	-2.28	1.79	-2.44	8.81	-0.70	-2.47	0.84	9.82	2.97	-1.12	13.84	4.05
2007	2.80	17.16	6.33	19.60	16.95	-0.13	15.45	-0.83	8.95	-4.80	-9.47	9.21
2008	-10.19	4.45	-3.68	4.44	5.29	-4.70	-5.88	-6.65	-6.96	-27.03	-1.50	22.71
2009	8.94	-4.40	22.17	27.14	13.62	0.01	6.01	4.71	-0.32	-0.72	-4.75	9.90
2010	-7.52	-0.54	9.60	5.74	-4.78	2.73	-0.02	0.23	3.30	9.23	-7.05	8.65
2011	-1.87	-6.46	1.96	2.41	0.57	-1.61	8.73	-1.13	-11.80	6.97	1.53	14.60
2012	4.08	14.09	-3.74	-6.67	-2.70	3.13	1.70	6.50	7.70	2.55	-2.04	4.53
2013	2.30	3.48	8.18	4.92	6.03	-6.87	2.18	-2.43	0.48	-0.18	-0.20	3.59
2014	-1.15	7.40	2.94	4.46	2.16	1.44	1.79	0.06	2.60	-3.80	-1.51	5.08
2015	2.09	6.22	10.83	5.19	1.66	-2.60	-0.84	-4.59	4.33	2.18	-5.50	4.90
2016	-5.01	0.57	8.52	1.95	-0.70	-1.15	7.40	-1.00	4.72	-3.09	-1.43	5.63
2017	-2.01	3.32	1.98	-0.33	2.45	-0.79	-2.89	-2.34	-4.24	1.95	-0.40	0.38
2018	5.62	-5.03	-1.10	6.88	1.91	-8.23	-1.87	-0.50	2.13	-12.20	5.80	2.85
2019	11.56	1.24	2.61	3.10	-4.20	5.31	-7.24	-1.19	2.29	-0.56	-0.72	4.02
2020	-5.29	-7.55	-17.03	24.03	3.44	-2.75	13.22	5.53	2.85	1.37	4.77	9.37
2021	-0.98	5.59	12.12	9.70	7.54	2.00	-2.93	-4.11	5.00	-4.81	-11.71	12.38
2022	-8.34	6.78	5.04	4.01	-5.24	-11.67	1.15	9.57	-14.93	-1.55	2.42	0.00

EOY Returns vs Benchmark

Year	Benchmark	Strategy	Multiplier	Won	Year	Benchmark	Strategy	Multiplier	Won
2003	35.26%	43.32%	1.23	+	2013	0.72%	22.67%	31.68	+
2004	10.51%	44.49%	4.23	+	2014	-4.76%	23.08%	-4.85	+
2005	53.96%	161.45%	2.99	+	2015	2.39%	25.15%	10.54	+
2006	3.99%	36.56%	9.15	+	2016	3.32%	16.55%	4.98	+
2007	32.25%	110.06%	3.41	+	2017	21.76%	-3.17%	-0.15	-
2008	-40.73%	-31.74%	0.78	+	2018	-17.28%	-5.54%	0.32	+
2009	49.65%	111.38%	2.24	+	2019	7.67%	16.08%	2.09	+
2010	21.88%	19.07%	0.87	-	2020	30.75%	29.38%	0.96	-
2011	-10.98%	11.92%	-1.09	+	2021	3.63%	30.22%	8.34	+
2012	9.38%	31.14%	3.32	+	2022	-21.52%	-14.91%	0.69	+

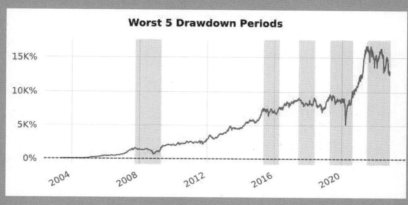

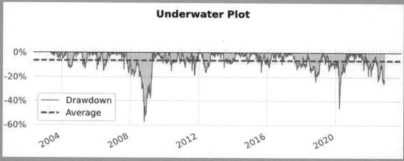

*20년 동안 우상향이지만, 매우 고통스러운 구간을 버텨야 했음을 볼 수 있다.

*출처 : 강환국 작가 제공

패턴 4

좋은 주식 선택하는 법
_사례 중심

10장

조사 절차

주식을 선택하는 첫 번째 단계는 조사를 하는 것이다. 투자자는 투자할 주식을 찾아야 한다.

선택할 수 있는 주식의 범위는 마치 우주처럼 방대하다. 조사 과정은 투자자가 이 방대한 우주 속에서 조사할 만한 가치가 있는 적은 수의 주식을, 이후 포트폴리오에 추가할 훨씬 더 적은 수의 주식을 추려내도록 돕는다.

새로운 포트폴리오를 만들 때 적절한 다각화를 위해 보유해야 할 주식은 30~35종이며, 가중치는 일반적으로 같다. 집중 위험을 피하고자 특정 산업에 대한 집중도는 15%를 넘지 않는다.

투자 절차는 심도 있는 분석을 통한 기업 선별을 위해 화면을 구동하는 것부터 시작된다. 해당 화면에는 S&P500 지수, 러셀 지수, 밸류라인Value Line 등 다양한 국제 지수가 나타난다.

이번 장에서는 주식 선별에 사용되는 다양한 통계 수치를 살펴본다. 물론 3가지 투자원칙은 주가수익률, 주가순자산율, 배당수익이다.

투자원칙 1. 주가수익률

주가수익률은 역사적으로 약 10배 수익 저점에서 20배 수익 고점으로 이동했다. 투자자 이익이 주가수익률에 비례하는 건 아니다. 다만, 전체 시장$^{S\&P500}$의 주가수익률 대비 20~50% 저렴한 주식에 투자할 때 발생한다. 주가수익률이 시장 평균을 초과하면, 해당 주식은 포트폴리오에서 매각 또는 대체 후보가 된다.

투자원칙 2. 주가순자산율

우리는 앞서 주가순자산율 결과는 역사적으로 배당수익 및 주가수익률과 경쟁 관계에 있다는 것을 확인했다.

기술 및 의료, 소비재 산업의 상당수 주식은 기업 순자산에 비해 매우 높은 가격에 판매되고 있어 오늘날 주가순자산율이 광범위하게 사용되지 않는다는 점은 놀랍다.

이런 이유로 주가순자산율은 항공산업이나 금속산업 등 특정 산업에서 더 중요하게 다뤄진다. 일반적으로 이들 업종은 순자산의 2배 이하로 팔리는 종목이 선호된다.

투자원칙 3. 배당수익

배당수익에 주력할 경우, 처음부터 3% 이상의 배당수익률을 목표로 한다. 시장 가치 상승으로 수익률이 2% 아래로 떨어지면, 더 높은 수익률 종목으로 포트폴리오 변경이 목표가 된다.

더 알아볼 것

• 배당성장
장기 성과를 위해서는 배당수익뿐 아니라 배당성장도 중요하다. 이상적으로는 배당성장률이 높은 한 자릿수에서 두 자릿수인 10% 수준으로 늘어나는 것이 선호된다.

• 배당성향[17]
일반적으로 지급 비율이 50%를 크게 넘지 않는 것을 선호한다. 기

---

17 기업에서 한 회계기간 동안 창출한 수익에서 주주에게 현금으로 지급된 배당금 총액의 비율.

업이 수익의 너무 큰 부분을 배당금으로 지급하기 위해 고군분투하면, 그것은 배당성장이 둔화하거나 심지어 줄어들 수 있다는 신호다.

• 부채비율

부채비율은 기업이 어려운 경제 여건에 놓여 있을 때 특히 중요하다. 부채비율이 50% 미만인 기업이 대체로 선호된다. 부채비율은 경기가 좋을 때는 크게 중시되지 않지만, 경기 침체나 약세장이 덮치면 부채비율이 높은 회사는 쉽게 무너진다.

• 부채상환능력

회사가 얼마나 많은 부채를 가졌는지도 중요하지만, 미지급 부채 및 이자 상환 능력에 비해 얼마나 많은 현금을 창출하고 있는지도 중요하다. 부채 및 이자 대비 3배 이상의 현금 보유가 선호된다.

• 자본수익률

자본수익률은 기업이 얼마나 빨리 사업을 성장시키고 있는지를 보여주는 비율이다. 보통 자본수익률이 10%인 회사를 선호한다. 반면, 투자자는 자기자본수익률에는 거의 관심이 없다. 이 비율은 레버리지에 의존하는 것으로 투자 은행이 주로 이용한다.

· **유동비율**

유동비율은 유동부채에 대한 유동자산의 비율로 기업의 대차대조표 건전성 및 단기 채무 이행 능력에 대한 지표로 사용된다. 대개 유동자산과 유동부채 비율이 2:1인 경우 재무 상태가 좋다는 신호로 풀이된다.

통계 분석도 중요하지만, 이것은 조사 과정의 시작일 뿐이다. 좋은 주식을 찾을 수 있는 기준을 마련하는 것이 중요하다.

패턴 4 나머지 부분에서는 지난 몇 년 동안 최고의 주식 선정 기준이 어디서 나왔는지 살펴보자. 이들은 매우 다양한 곳에서 나왔다.

11장

순자산

앞서 말했듯이 순자산은 주가수익률, 배당수익과 함께 벤저민 그레이엄이 제시한 가격 지표 중 하나다. 투자자의 일차적 관심은 주가수익률에 있지만, 일부 산업에서는 순자산을 확인하는 것이 중요하다.

특정 부문의 경우 오히려 주가수익률보다 순자산이 더 신뢰할 수 있는 지표로 활용된다. 항공, 금속, 에너지, 원자재처럼 경기 변동에 민감한 산업이 대표적이다.

기업의 순자산은 자산에서 부채를 뺀 것으로 청산가치[18]의 근사치다. 회계 원칙은 자산의 가격 결정 방식에 있어 보수적인 경향이 있지만, 기업과 재무 담당자, 외부 회계사는 기업의 자산 평가 시 상당한 수준의 재량을 갖고 있다.

---

18 회사가 폐업하면 남게 되는 순자산의 가치.

따라서 투자자는 재무제표를 꼼꼼히 살펴보고, 기업의 자산이 실제로 가치가 있는지, 부채의 종류가 어떤 것인지 확인해야 한다.

코카콜라Coca-Cola 같은 강력한 브랜드는 기술회사의 지적재산이나 제약회사의 핵심 의약품을 평가하는 것처럼 그 가치를 평가하기 어렵다. 오늘날 대부분 기업은 제조업이 아니라 일종의 서비스업이므로 순자산은 재무분석가들 사이에서 예전만큼 중요한 위치를 차지하지 못한다.

오늘날은 기술 기업이 주도하고 있지만, 순자산 현황은 여전히 막강한 가치를 지니고 있다. 놀랍게도, 장기적인 가치투자의 수익률을 분석한 결과 최근에도 주가순자산율은 주가수익률, 배당수익에 비해 매우 경쟁력 있는 성과를 제공한 것으로 나타났다.

물론 자산 가격을 잘못 매길 위험은 항상 존재한다. 투자자들은 2008년 금융위기 당시 미국 대형 은행주 사례를 통해 그 위험을 뼈저리게 체감했다. 당시 월스트리트 분석가들은 대형 은행주를 추천했다. 순자산에 비해 매력적인 가격으로 팔리고 있었기 때문이다. 그러나 이들 파생상품은 가격이 엄청나게 부풀려져 있었고, 정확한 가격이 산정되자 리먼 브라더스Lehman Brothers, 베어스턴스Bear Sterns, 에이아이지AIG 같은 은행들은 전멸했다.

주식 선정을 위한 조사 과정에서 순자산 분석이 어떻게 활용될 수 있는지, 드비어스De Beers 사례를 통해 알아보자.

조사할 때 주의할 점 : 드비어스 사례

영국의 드비어스는 세계에서 가장 큰 다이아몬드 광산업체 중 하나였다. 이들의 대부분 자산은 남아프리카공화국에 있었다. 당시 한 주당 가격은 15달러로 꽤 매력적이었고, 주가수익률 10배, 배당수익률 5%, 주가순자산율도 적정 수준이었다. 더욱이 5개 투자업체가 드비어스를 추종하며 해당 주식을 투자자에게 '강력한 매수' 종목으로 추천했다.

그러나 드비어스의 시장 환경에 대한 안 좋은 소식이 전해졌다. 우선, 당시 재정난을 겪고 있던 러시아는 다이아몬드를 세계 시장에 싼값에 팔아 버리기 시작했다. 이후 캐나다에서 대규모 다이아몬드가 발견됐다는 소식까지 전해졌다. 이는 공급에도 큰 영향을 주었다. 이 두 가지 요소는 드비어스 주가를 압박했다.

여기에 미국 탐사보도 프로그램 〈60분〉의 방영이 결정타였다. 남아프리카공화국 광산 노동자들이 드비어스 및 다른 업체로부터 다이아몬드를 훔친다는 내용이 그대로 보도됐다.

결국 주가는 33% 급락해 주당 10달러가 됐다. 설상가상으로 드비어스 주식 매수를 강력히 추천하던 5개의 투자업체 모두 태도를 바꿔 매도를 권유했다. 그러나 외부 조사를 했던 우리 회사만큼은 달랐다.

13장에서도 말하겠지만, 주식 선택을 위한 조사과정에서 가장 중요한 부분 중 하나는 '월스트리트와 상관없는 사람'에게 전화를 걸어 해당 기업의 사업을 전혀 다른 각도에서 탐색하는 것이다.

드비어스의 경우, 나는 당시 드비어스의 최대 주주였던 오펜하이머 Oppenheimer 가족에게 전화를 걸었다. 그들은 지금 당장 주식을 팔지도, 사지도 않고 있다고 말했다. 드바이스 주식의 가치도 너무나 매력적일 뿐 아니라 오펜하이머 일가가 처분하지 않고 있다는 소식에 나는 그대로 보유하기로 했다.

주식은 소폭 하락해 주당 10달러 이하로 떨어졌다. 그러나 이후 수익률은 약 8%까지 올랐고 주가수익률도 5배를 기록했다. 드비어스는 여전히 부채가 없었다. 각종 부정적인 소식이 수익에 얼마나 영향을 미칠지는 확실하지 않았지만, 주식은 순자산의 절반 가격에 팔리고 있었다.

고객들은 혼란스러워했지만, 매력적인 가격으로 인해 대부분 팔지 않았다. 3개월 뒤, 오펜하이머 일가는 주당 35달러에 드비어스 주식을 대거 사들였다. 내가 드비어스 투자에 성공할 수 있었던 것은 기업의 가치가 저평가되어 있었고, 오펜하이머 가족을 통해 외부 견해에 귀를 기울였기 때문이다.

12장

주목할 만한 요소 찾기

회사의 재무 상태 평가는 주식 선정에서 매우 중요하다.

하지만, 이것은 조사과정의 시작일 뿐이다. 다음 단계는 회사에 뭔가 주목할 만한 요소가 있는지를 알아보는 것이다. 여기에는 새로운 경영 방식, 새로운 제품, 새로운 시장 등이 포함된다.

요컨대, 밸류에이션 기준으로 아직은 저렴하고, 주가 상승을 견인할 특별한 요소가 있는 기업을 찾는다.

페트로차이나

2001년 DLJ에 근무할 당시 커트 H. 울프^{Kurt H. Wulff}가 주최한 조찬 모임에 간 적이 있다. 한때는 DLJ에서 함께 일했고, 그의 조사 실력에 깊은 인상을 받았었다. 커트는 핵심 석유 분석가 중 한 명이었고, 매년 세계적인 금융 전문지 〈인스티튜셔널 인베스터〉가 선정하는 월스트리트의 최고 분석가로 이름을 올리곤 했다.

커트는 조찬 모임에서 에너지 부문의 전반적인 전망에 대해 발표했다. 발언이 끝나갈 무렵, 그는 그날 새롭게 등장한 페트로차이나PetroChina[19]와 중국해양총공사CNOOC 국제주에 대한 의견을 제시했다. 미국과 유럽의 석유 관련주와는 비교도 안 될 만큼 저렴하므로 매력적인 가격이라는 것이다.

두 회사 모두 중국 정부의 지원을 받는 탓에 걱정하는 사람도 있었다. 그러나 커트는 자체 조사를 통해 중국 정부가 주요 회사 한두 곳을 성장 잠재력이 높은 사례로 내세우고 싶어 한다는 점을 파악했다.

페트로차이나는 중국 최대 규모의 석유회사로 중국에서 가장 많은 석유 매장량을 보유하고 있었다. 중국은 에너지의 90%가 석탄에서 생산되므로 환경문제가 큰 나라였다. 석유는 석탄보다 훨씬 깨끗한 연료이므로 페트로차이나는 환경문제의 해결사 중 하나이기도 했다.

또한, 페트로차이나는 중국 서부에 아직 개발되지 않은, 막대한 규모의 천연가스 자원도 보유하고 있었다. 심지어 가스는 석유보다도 깨끗한 자원이었다.

---

19 석유, 천연가스, 화학제품 등을 생산, 판매하는 중국의 국유 석유기업.

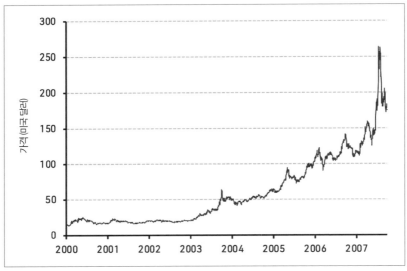

페트로차이나 (2000~07년)

출처 : 블룸버그

나는 2001년 말 이곳의 주식을 매수했고, 해당 주식은 5년 후 700% 상승했다. 그즈음 중국 기업에 대한 투자가 세계 시장에서 받아들여지기 시작했다.

디아지오

소비재 부문은 1990년 이후 인기가 시들해졌다. 성숙한 시장으로 여겨졌고, 성장 전망 역시 제한적이었다. 이 부문에서 조사과정을 거처 최종 매수한 첫 번째 주식은 디아지오Diageo[20] 주식이었다.

이후 차례로 유니레버Unilever와 킴벌리클라크Kimberly-Clark 주식을 사들였다.

디아지오가 처음 내 눈길을 끈 건, 중국 결혼식에 참석한 동료로부터 식사 테이블에 샴페인 대신 조니 워커Johnnie Walker가 놓여 있었다는 말을 듣고부터다. 당시 나는 중국 시장에 대한 투자 기회를 찾고 있었기에 웨딩 사업의 엄청난 성장 잠재력이 꽤 긍정적으로 다가왔다.

디아지오의 주가수익률은 10배로 낮았고, 배당수익률은 4%로 비교적 높은 상태였다. 회사의 실적 보고서를 확인해본 결과 신흥 사업 부문의 매출성장률은 나머지 사업 부문의 매출성장률 대비 4~5배 수준이었다. 그러나 신흥 사업 부문은 회사 전체 매출의 5%에 불과해 월스트리트 분석가들로부터 큰 관심을 받지 못했다.

하지만 나는 이 소규모 사업 부문의 성장이 회사 전체의 수익을 극적으로 끌어올릴 것이라고 굳게 믿었다.

신규 사업을 시작할 때 한 가지 우려되는 부분은 정부가 나서서 모방 제품을 만들 가능성이다. 하지만 조니 워커, 기네스 같은 강력한 브랜드를 가진 디아지오는 그런 문제가 없다.

이후 5년간 디아지오의 신흥 사업 부문의 매출 비중은 5%에서

---

20 영국 런던에 본사를 둔 세계 최대의 프리미엄 주류 회사.

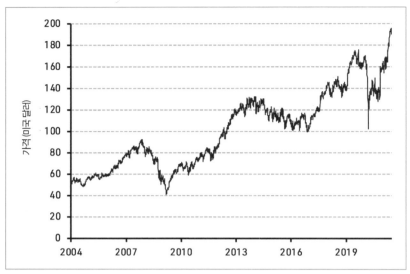

디아지오 (2004~21년)

출처 : 블룸버그

50%로 급증했다. 그 결과 주가수익률은 10배에서 20배로 증가했고, 주가는 350% 상승했다.

디즈니

디즈니Disney는 여러 가지 면에서 투자자들이 주목해야 할 요소를 많이 갖고 있다.

우선, 전임 CEO 밥 아이거Bob Iger는 미국 최고의 CEO 중 한 사람으로 평가받아 남다른 경영 방식을 선보일 것으로 기대를 모았다.

또한, 디즈니는 ESPN 스포츠 채널과 테마파크 설립은 물론 디즈니 영화 제작 및 픽사Pixar 엔터테인먼트 사업부 인수를 통해 세계적인 엔터테인먼트 라인업을 구성했다. 디즈니 사업 중 일부는 경기 변동에 민감한 탓에 비교적 매력적인 가격으로 주식을 살 수도 있다.

앞으로 계속해서 지켜봐야 할 부분은 상하이에 문을 연 테마파크 디즈니랜드다. 큰 인기를 끌지 못했던 유럽의 디즈니랜드와는 달리 상하이 디즈니랜드는 매우 긍정적인 결과를 보여주고 있다. 2016년 개장 첫해 방문자 수만 1,100만 명을 기록하며 이미 성공 궤도에 올랐다.

주식 선별과 관련해 수년간 몇 가지 흥미로운 기준을 생각해낸 13D[21] 분석가 키릴 소콜로프Kiril Sokoloff는 중국의 어린 학생들이 영어를 배우고 싶어 한다는 점을 간파했다.

이에 디즈니는 자사 캐릭터를 이용해서 방과 후 프로그램에 영어 수업을 개설했다. 초기에만 150개 프로그램이 신설됐고, 1년 후에는 1,500개까지 늘어났다.

방과 후 프로그램은 중국 시장 진출을 위한 훌륭하고도 절묘한 방법이었다. 아이들이 디즈니 캐릭터로 영어를 배움으로써 많은 중국 가정은 자연스레 디즈니랜드를 찾고, 디즈니 영화를 보며, 앞으로 더 많은 디즈니 제품을 구매하게 될 것이다.

---

21 상장기업 주식의 5% 이상을 취득한 개인이나 기업이 미국의 SEC에 신고할 때 사용하는 양식.

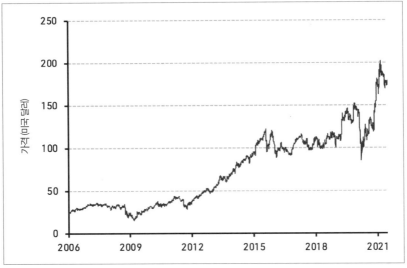

디즈니(2006~21년)

출처 : 블룸버그

유니레버

2007년 매수한 또 다른 소비재 부문 주식은 유니레버Unilever였다. 유니레버는 패턴 4 마지막 부분에 나올 19장 '3개의 항해 장치'에서 디아지오, 킴벌리클라크 등의 소비재 주식과 함께 구체적으로 이야기할 것이다. 여기서는 주식 선택 시 해당 기업에 주목할 만한 요소가 있는지 확인하는 사례로 먼저 살펴보자.

내가 유니레버를 관심 있게 보게 된 건, 영국계 네덜란드 기업인 유니레버가 100년 이상 인도네시아에 있었다는 〈파이낸셜타임즈〉 기사를 접한 뒤였다. 이 점은 유니레버가 프록터 앤드 갬블[22] 같은 미국 회사보다 국제 시장에서 우위를 점하는 요소로 작용할 것이다. 회사에 대한 매력적인 밸류에이션과 함께 국제 및 신흥시장에서의 사업 호조로 인해 나는 유니레버 주식을 매수했다.

그즈음 나는 블룸버그TV에서 인터뷰 기회가 있었다. 기자는 내게 가장 좋아하는 주식 3개를 물었고, 나는 그중 하나로 유니레버를 말했다. 그 이유로 유니레버의 제품과 경영 상태 모두 '지루하다'는 분석가들의 평가 탓에 해당 주식이 지나치게 과매도 된 점, 그에 따라 밸류에이션이 무척 매력적인 점을 들었다. 그리고 나는 유니레버의 신흥시장 진출이 결국엔 성공할 것으로 확신했다.

인터뷰가 끝나고 사무실로 돌아오자 유니레버 마케팅 수석으로부터 전화가 왔다. 그는 인터뷰를 잘 봤다고 말하며, 유니레버의 '지루한' 경영진이 사무실로 방문해 '지루한' 제품을 직접 보여주고 싶다고 전했다.

일주일 후, 유니레버 경영진은 다양한 제품을 들고 9시 회의에 맞춰

---

22 The Procter & Gamble Company. P&G. 미국의 대표적인 비누·세제, 기타 가정용품 제조
    업체

우리 사무실로 왔다. 그들은 회의실에 상품을 죽 진열했다. 도브 비누, 립톤 티 등 친숙하고 오래된 브랜드를 보자 실제로 좀 지루하거나 유행이 지난 것처럼 느껴지기도 했다.

유니레버의 프레젠테이션은 무려 4시간 동안 이어졌다. 회의에 참석한 모든 분석가와 포트폴리오 매니저는 특정 시장에 맞춘 개별화된 제품이 어떻게 개발되고 있는지, 제품별 마케팅 이면의 배경은 무엇인지까지 설명을 들었다. 우린 모두 할 말을 잃을 정도로 놀랐다.

한 가지 예는 도브 비누다.

미국에서는 큰 세제 상자가 가장 인기 있었다. 값이 저렴하기 때문이다. 하지만 인도네시아 같은 곳에서는 옷을 세탁하려면 세탁기가 있는 곳까지 여성들이 1마일(약 1.6km)을 걸어가야 했다. 그래서 이들에게는 작은 비누 6팩이 더 유용했다.

또 다른 예는 립톤 티다.

회의가 있고 몇 주 뒤, 우리 회사 포트폴리오 매니저 제니퍼 장Jeniffer Chang은 중국을 방문했다. 이때 제니퍼는 우리가 그저 한물간 음료로 취급했던 립톤 티가 중국에서 중국인 취향에 맞게 차가운 주스 형태로 생산돼 엄청난 인기를 끌고 있다는 것을 알게 됐다. 그것은 엄청난 판매고를 올렸다.

유니레버 (2005~21년)

출처 : 블룸버그

　지난 몇 년간 유니레버의 신흥시장 매출은 전체 매출의 5%에서 50% 이상으로 성장했고, 그에 따라 주가도 엄청난 수혜를 입었다.

13장

월스트리트와 상관없는 사람에게
전화 걸기

주식을 고를 때 중요한 한 가지는 월스트리트와 상관없는 사람에게 전화를 걸어보는 것이다. 목적은 단 하나, 회사를 다른 시각에서 바라보기 위해서다.

투자 전략을 주식의 포트폴리오로 전환할 때 중요한 점은 무수한 정보 더미에서 유용한 것만 가려내는 것이다.

대부분 정보는 도움이 되지만, 우리가 읽고 듣는 모든 정보가 신뢰할 수 있는 건 아니다. 어떤 정보는 오해를 불러일으키고, 어떤 정보는 이해관계에 따른 결과이기도 하다. 따라서 정보를 판단할 때 주의해야 한다.

유나이티드 디펜스 인더스트리스United Defense Industries, UDI는 겉으로는

신뢰할 수 있을 법한 정보에 어떻게 대처해야 하는지에 관한 대표적인
사례다.

UDI

1985년, 군비 지출이 10년째 감소하고 있었다. 그러나 중동지역의
긴장이 고조되고 있어 의회가 국방비 예산을 증액할 것으로 보였다.
포트폴리오에 방위산업 관련 주식을 추가하는 게 당연한 상황이었다.

그즈음, 월스트리트의 두 조사업체는 UDI라는 업체에 대해 강력한
매수 추천 보고서를 발표했다. UDI는 그때까지 한 번도 들어본 적 없
는 생소한 업체였다. 보고서에 따르면, UDI는 순수 방산업체로 주식
이 10배의 수익에 팔리고 있어 무척 매력적이었다.

여기에 UDI 주력 상품인 크루세이더Crusader라는 거대 전차는 매수에
대한 정당성을 더욱 부추겼다. 크루세이더는 중동 전쟁에 완벽한 장비
로 보였다. 더욱이 회사 수익의 절반을 차지했다. 크루세이더가 F-11
전투기보다 화력이 더 강하다는 보고도 있었다. UDI 주식에는 주목할
만한 요소가 충분한 것처럼 보였다.

그런데 관련 보고서를 읽어 보니 UDI는 6개월밖에 안 된 신생 업체
였다. 보고서 발행도, 사모펀드 칼라일Carlyle의 매수 제안도 모두 처음

이었다.

게다가 강력하게 매수를 추천한 두 개의 보고서는 UDI 투자 은행과 관련된 두 업체가 발행한 것이었다. 조사 및 중개 업무와 관련해 투자 업체에 대한 보고서 발행은 투자 후 6개월간 금지된다. 이미 6개월은 지난 상태였지만, 증권사들은 투자 은행으로부터 거액의 수수료를 받고 있었기에 서로 간에 이해 충돌 가능성도 많았다.

또 한 가지 우려되는 부분은 칼라일이 그 당시만 해도 거의 알려지지 않은 곳이었고, 사모펀드 업체로서의 제안도 처음이라는 점이었다. 일반적으로 사모펀드에서 분사되는 주식은 사지 않는 것이 좋다. 이들은 대개 거액의 부채를 떠안기 때문이다. UDI가 바로 여기에 해당했다.

그럼에도 불구하고 UDI는 여전히 내 이목을 끌었다. 밸류에이션과 크루세이더 때문이었다. 조사를 진행하는 과정에서 나는 월스트리트와 상관없는 사람들에게 전화를 걸어 자문했다.

그 결과 칼라일은 방위산업체를 운영하는 워싱턴 내부자 그룹이 조직한 곳임을 알 수 있었다. 칼라일 창업자는 전 국방부 장관 프랭크 칼루치Frank Carlucci였다.

거액의 부채와 증권사 간 이해 충돌 가능성이 마음에 걸렸던 나는 몇 사람에게 더 전화를 걸어보기로 했다.

두 번째로 자문한 사람은 퍼스트 보스턴First Boston의 저명한 국방 분석가 폴 니스벳Paul Nisbet이었다. 그는 〈인스티튜셔널 인베스터〉가 선정한 올스타에 여러 차례 이름을 올린 인물이었다. 이전에도 내게 훌륭한 조언을 많이 해준 폴은 독립 컨설턴트로 일하고 있었다.

나는 폴에게 UDI의 막대한 부채와 신생 사모펀드 칼라일에 관해 물었다. 그런데 그는 정작 걱정해야 할 건 그 부분이 아닌 것 같다고 말했다. 문제가 되는 건 크루세이더였다. 실제로 전장에서 사용하기에 너무 크고 다루기 어려워 구매 자체가 보류될 가능성이 크다고 말했다.

폴과 통화를 한 후, 두 개의 투자 은행 중 한 곳에 전화를 걸어 폴의 우려 사항을 전달했다. 그러자 담당 분석가는 대규모 방위 계약은 국회에서 추진하는 선심성 사업으로 예산이 좀처럼 삭감되지 않는다고 말했다. 하지만 이미 UDI에 대한 의심이 커진 상태였다.

결국 어떠한 매수도 보류하기로 했다.

한 달 후, 나는 우연히 도널드 럼스펠드Donald Rumsfeld 국방부 장관의 상원 인준 청문회를 시청하게 됐다. 당시 그는 최고의 경력을 갖춘 영향력 있는 인재였고, 상원의원들은 그에게 아첨하는 모습을 보일 정도였다. 도널드는 자신이 장관에 오르면 평소 예산 낭비라고 생각했던 프로그램부터 과감히 없앨 것이라고 공표했다.

이후 UDI에 대해 더이상 생각하지 않았다.

그로부터 약 한 달 뒤, 국방부 장관에 오른 도널드는 기자회견을 열어 크루세이더 프로그램을 취소한다고 밝혔다. 당시 30달러 전후로 팔리던 UDI 주식은 약 50% 하락했다.

나는 폴에게 전화를 걸어 잘못된 의사결정을 하지 않도록 조언해준 것에 관해 감사를 표했다. 그는 오히려 전화해줘서 고맙다고 말하며, UDI 투자 은행 중 한 곳이 새로운 투자를 계획 중인데 이 회사를 좀 깊이 들여다보면 좋겠다고 말했다.

이곳은 해군 선박 건조 업체로 막대한 현금 흐름을 보유하고 있었고, UDI처럼 칼라일 사모펀드에서 분사된 곳이었다. 칼라일은 UDI 문제로 출발이 좋지 않았던 탓에 이번에는 새로운 업체의 주가를 꽤 매력적으로 책정할 것이라는 게 폴의 생각이었다.

나는 해당 투자 은행에 전화를 걸어 새로 투자하는 업체에 관심이 있다고 말했다. 그러자 은행 관계자는 현재 거래가 취소되었고, 곧 새로운 업체를 인수한다고 전했다. 칼라일은 신규 업체 인수를 통해 UDI 사건으로 인한 부정적 평판에서 벗어나려는 모양새였다.

곧바로 폴에게 전화를 걸어 상황을 전달했다. 그러자 그는 해군 선박 건조 업체의 현금 흐름이 UDI의 막대한 부채 문제를 해결할 것이므로, 신규 업체는 반드시 주목해야 한다고 말했다. 이와 함께 크루세이더 전차는 규모를 축소해 실용적인 차량으로 재탄생될 예정이었다.

폴의 분석에 힘입어 해당 주식을 주당 약 20달러에 매수했다. 3년 뒤 해당 업체는 BAE 시스템23에 인수됐고, 주가는 250% 증가해 75 달러로 급등했다.

내가 만약 폴에게 전화를 걸어보지 않고 그저 증권사 조사 보고서에만 의존했다면, UDI 주식을 주당 30달러에 매수했을 것이다. 이후 크루세이더 취소 소식이 전해진 후 20달러까지 떨어졌을 때 사람들은 쉽사리 팔고 싶은 마음이 들었을 것이다.

안 좋은 주식을 쉽게 팔아버리는 건 역사적으로 항상 반복되는 일이다. 하지만, 월스트리트와 상관없는 사람들에게 전화를 걸어 자문한 덕에 섣불리 매수하는 걸 막았다. 그리고 결국 성공적인 투자로 마무리할 수 있었다.

---

23 영국의 국방, 정보 보안, 항공 우주 관련 기업.

14장

경영 상태

회사의 경영 상태를 평가하는 것은 주식 선택을 위한 조사과정에서 매우 중요한 부분이다. 물론 회사의 규모가 클수록 최고경영진의 힘을 실제로 느끼기란 쉽지 않다. 하지만 그 힘을 느끼는 건 때로 주식을 매수할 때 가장 중요한 고려사항이 되기도 한다.

다음은 최고경영진 평가에 사용되는 몇 가지 질문의 예시다.

- 그들은 회사 주식을 얼마나 보유하고 있는가?
- 그들은 회사의 미래를 위해 얼마나 열정적으로 임하는가?
- 그들은 자신의 업무를 감당할 수 있는가?

다음은 최고경영진의 강력한 힘이 주식 매수에 주된 이유로 작용한 몇 가지 사례다.

JP모건 - 제이미 다이먼

제이미 다이먼Jamie Dimon은 사회생활 초기인 아메리칸 익스프레스 및 씨티그룹 재직 당시에 샌디 웨일Sandy Weil 밑에서 일했다. 하지만 경영 방식에서 몇 가지 모호한 갈등이 생겨 결국 회사를 떠났다. 이들 두 회사에서 제이미는 가장 인기 있는 임원에 속했고, 사람들은 그와 함께 일하는 걸 무척 좋아했다.

2000년, 제이미는 시카고의 뱅크원Bank One에서 실력을 인정받아 CEO 자리에 올랐다.

2004년 7월, 뱅크원은 JP모건에 인수됐다. 마침 시기가 좋았고, 덕분에 JP모건 주식은 소폭 상승했다.

내가 JP모건 주식을 매수한 이유는 순전히 제이미가 JP모건으로 옮겼기 때문이었다. 제이미가 자리를 옮긴 후 얼마 안 돼서 나온 보고서를 보면, 직원들은 그의 리더십에 무척 만족했고, 월스트리트의 은행 직원들은 모두 제이미와 함께 일하고 싶어 하는 것 같았다.

다음 도표는 제이미가 CEO를 맡은 뒤 JP모건 주식이 어떻게 성과를 냈는지 보여준다. 수익과 배당금은 꾸준히 증가했고, 제이미가 이끄는 JP모건은 일약 금융주의 스타로 떠올랐다.

JP모건 (2000~21년)

세로축: 가격 (미국 달러)

출처 : 블룸버그

휴렛팩커드 - 마크 허드

1970년대부터 1980년대까지 휴렛팩커드Hewlett-Packard, HP는 선도적인 기술 업체였다. 2002년, HP는 컴팩 컴퓨터Compaq Computer를 인수했다. 역사적으로 대규모 기업 인수에는 많은 어려움이 따른다. HP도 크게 다르지 않았다.

2005년 마크 허드Mark Hurd가 CEO 자리에 올랐을 때, 컴팩 인수로 수익이 감소하며 HP 주식은 침체해 있었다. 이후 마크는 현금등록기Cash Register로 큰 성공을 거두었고, 곤경에 처한 회사를 살렸다는 평가를 받았다.

내가 HP 주식을 매수한 이유는 바로 여기에 있었다. 당시는 컴팩 인수 3년 후로 마크가 CEO 자리에 올라 회사가 본격적인 성장 궤도에 오르기 시작할 때였다.

마크는 다시 없을 적임자였다. 비용 절감에 탁월했던 것은 물론 직원들과의 의사소통에도 탁월했다. 다음 도표에 나타나듯, 이 두 가지 역량은 궁극적으로 주가를 높이는 데 그대로 반영됐다.

휴렛팩커드 (2005~10년)

출처 : 블룸버그

재규어 - 존 이건 경

재규어Jaguar는 1984년 영국 레이랜드Leyland에서 분사한 자동차 제조업체다. 재규어 자동차에 대한 이미지는 나쁘지 않았지만, 주식은 거의 주목받지 못했다. 브랜드 신뢰도가 낮은 탓에 평판이 안 좋았기 때문이다.

다음과 같은 농담이 있을 정도였다. 재규어 자동차를 몰려면 반드시 두 대를 소유해야 한다. 한 대는 항상 수리점에 있을 테니까!

우리 회사가 재규어 주식에 관심을 두게 된 건 밸류에이션이 극도로 낮아 순자산의 절반 수준인 5배 수익에 판매되고 있었기 때문이다. 후에 입증됐지만, 성공의 열쇠는 신임 CEO 존 이건John Egan에게 있었다.

취임 후 존이 가장 먼저 한 일은 생산량을 획기적으로 늘리는 것이었다. 그는 돈을 들여서 제조시설을 확대하는 방법 대신, 기존 시설에 교대 조만 추가하는 방법을 택했다.

1985년, 존은 회사 홍보를 위해 뉴욕을 방문했다. 당시 재규어는 내 관심 종목이 아니었지만, 어쨌든 뉴욕에 있는 우리 회사 사무실에서 첫 미팅을 했다.

존은 무척 헌신적이었고, 회사에 대한 명확한 비전을 갖고 있었다. 오랜 기간 자동차의 품질이 주요 문제가 돼왔다는 것도 알고 있었다. 그의 헌신은 기업 분할이 매우 생산적일 수 있음을 보여준 대표적인 사례다. 독립적으로 분할된 업체는 대규모 조직에서 운영되는 업체보다 효과적일 수 있다.

이듬해 존이 다시 뉴욕에 방문했다. 그의 놀라운 발표 능력 때문에 이번에는 재규어 주식에 관심이 좀 생겼다. 급격한 부채 증가 없이도 회사는 계속해서 성장 중이었다. 새로 출시한 자동차의 품질이 개선되기 시작하면서 재규어 주식을 향한 관심도 덩달아 높아졌다.

1987년, 존은 수백 명의 투자자를 초청해 미국의 최고급 호텔 월도프 아스토리아Waldorf Astoria 그랜드볼룸에서 미팅을 진행했다. 2년 후 포드Ford는 초기보다 700% 상승한, 주당 15달러에 재규어를 인수했다.

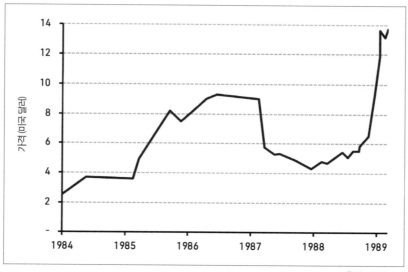

재규어 (1984~89년)

출처 : 블룸버그

15장

"그런데 말이죠"

최고의 주식 선택을 위한 기준은 때때로 예기치 않게 떠오른다. 미팅 후에 누군가 불쑥 "그런데…"라는 말로 방금 미팅에서 나눈 이야기와는 전혀 관련 없는 말을 할 때처럼 말이다. 우리 회사 역사상 가장 큰 수익을 낸 종목도 딱 그런 식으로 등장했다.

1980년 어느 날, 우리 회사 책임 연구원 맷 도즈Matt Dodds, 금속 및 방위 부문 저명한 분석가 루디 뮬러Rudy Mueller와 함께 점심을 먹고 있었다. 당시 우리는 캐나다의 인터내셔널 니켈International Nickel 주식을 보유 중이었는데, 마침 루디가 그곳을 방문하고 돌아와 자신의 견해를 나눠주었다.

식당을 막 떠나려던 찰나, 루디는 갑자기 이렇게 말했다.

"그런데 말이죠. 캐나다에 갔을 때, 정부가 국영 철도회사인 캐나다 내셔널

Canadian National과 캐나다 퍼시픽Canada Pacific을 매각한다는 이야기가 있더라고요. 두 곳 다 정부 재정에 손실을 입혔다네요."

당시 미국 철도 관련주에 대한 우리의 경험은 꽤 긍정적이었다. 철도기업은 몇 년간 성장 부진을 겪고 난 뒤 공격적으로 승무원 규모를 줄였고, 수익성 없는 지선은 매각했다. 또 각종 비용도 삭감했다. 그 결과 미국 철도주는 수익성을 회복하며 가격이 상승했다.

이 같은 긍정적인 경험은 자연히 캐나다 철도 관련주에 대한 관심으로 이어졌다.

캐나다 내셔널

캐나다 내셔널은 캐나다 퍼시픽보다 수익성이 낮았고, 정부가 분사를 진행 중이었다. 캐나다 내셔널의 기업공개 과정을 지켜보며 회사에 대한 우리의 관심은 더욱 커졌다. 우리는 결국 이곳의 주식을 샀다. 미국 철도주에 관한 긍정적인 경험이 큰 영향을 미쳤다.

캐나다 내셔널은 침체한 국영기업이다. 오랜 역사를 가진 덕에 미국 철도기업보다 훨씬 더 많은 이점이 있었다. 회사가 수익성에 집중한 결과 실적과 주가는 잇달아 상승했다. 루디 뮬러와의 점심 식사 이후 주가는 무려 10,000% 이상 올랐다.

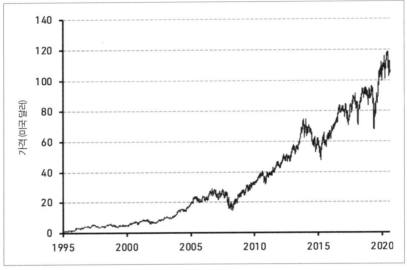

출처 : 블룸버그

캐나다 퍼시픽

캐나다 퍼시픽의 결과도 비슷했다. 그런데 이곳은 캐나다 내셔널의 사업방식과는 좀 달랐다. 좀 더 서구적이고, 상품에 집중하는 편이었다. 하지만 수익성에 집중하는 방식은 캐나다 내셔널과 같았다. 자연히 결과도 거의 비슷했다.

캐나다 퍼시픽 (2001~21년)

출처 : 블룸버그

16장

내부자 매수

경영진의 자사 주식 매입은 이들이 회사의 미래를 낙관하고 있음을 보여주는 확실한 징표다. 다시 말해, 회사의 매출과 수익이 동시에 성장할 것을 믿고 있다는 것이다.

내부자의 매수 근거가 타당한지 확인하는 것은 투자자의 몫이다.

다음은 내부자 매수 정보가 주식 매입의 중요한 근거로 작용한 몇 가지 사례다.

씨티은행 - 존 리드

  1991년, 뉴욕의 주요 은행들은 부동산 시장의 과부하로 잇달아 파산했다. 다음 도표는 압박에 놓인 씨티은행 주가가 역대 최저치로 떨어진 현황을 보여준다.

  그런데 이때 공동회장인 존 리드^{John Reed}가 나서서 상당한 규모의 자사 주식을 공개적으로 매입했다. 이후 주가는 가파르게 상승했다.

씨티은행 (1990~93년)

출처 : 블룸버그

JP모건 - 제이미 다이먼

두 번째는 JP모건 CEO인 제이미 다이먼의 사례다. 2008년 금융위기 당시, JP모건은 투기성이 짙은 파생상품 시장 노출로 파산 가능성이 제기됐다. 그즈음 제이미는 자사주를 매입했다.

당시 분석가들은 투자 은행 산업 전반에 대해 부정적이었다. 이에 맞서 제이미는 위기를 극복할 수 있다는 강한 자신감을 보였고, 주가가 급격히 하락하자 1,100만 달러 규모의 매수를 단행했다.

다음 도표는 제이미의 자신감이 어떻게 보상받았는지 보여준다.

JP모건 (2004~17년)

출처 : 블룸버그

소형주

내부자 매수는 특히 소형주에서 더 빛을 발한다. 경영진이 회사 사정을 잘 알고 있기 때문이다. 또한, 월스트리트 분석가들의 관심에서 벗어나 있어 오히려 이것이 기회가 된다.

지난 몇 년간 이런 방식의 투자는 상당한 수익을 가져왔다. 다음은 몇 가지 사례다.

퍼스트 아메리칸 내셔널 은행(테네시)

1980년대 후반, 퍼스트 아메리칸 내셔널 은행First American National Bank 이사들은 매달 대량으로 자사주를 매입하고 있었다. 흥미롭게도 이들은 서로 친한 친구들이었고 능숙한 사업가였다. 그래서 해당 종목을 조사해볼 가치가 있어 보였다.

1980년대에는 미국의 거의 모든 주에서 은행 간 통합이 활발하게 이뤄지고 있었다. 퍼스트 아메리칸은 전형적인 사례다.

퍼스트 아메리칸은 테네시주의 아주 작고 오래된 은행 두 곳을 인수해 하나로 통합한 곳이다. 경영진은 은행 업무를 중앙집중화하고, 단일 브랜드를 도입했다. 그 결과 은행은 규모 면에서 한층 커졌다.

하지만 이곳은 더 큰 은행이 눈독을 들이기에 충분히 매력적이라는 생각이 들었다. 내 예상은 적중했다. 우리는 주당 10달러에 매수해 몇 년 뒤 25달러에 팔았다.

스테이트 오 메인

내부자 거래 보고서에 따르면, 스테이트 오 메인State O Maine의 데이비드 추David Chu 회장은 1983년 노티카Nautica라는 회사를 설립해 이듬해인 1984년 스테이트 오 메인에 매각했다. 이후 데이비드는 자사 주식을 꾸준히 사들였다.

그즈음 정통 조사업체에서도 한 단락짜리 짧은 권고안을 발표했다. 이것은 데이비드의 자사주 매입과 조사업체의 권고안은 스테이트 오 메인을 자세히 들여다보는 계기가 됐다.

이 회사는 부채가 없는 소규모 업체로 주가수익률 배수는 낮았다. '노티카'라는 브랜드를 보유하고 있었는데, 이것이 결국은 성장의 열쇠가 됐다.

영국 로드아일랜드 뉴포트의 선원들은 너나 할 것 없이 노티카 옷을 좋아한다는 소문이 파다했다. 이후 스테이트 오 메인은 노티카로 사명을 바꾸었다. 결국 노티카는 이후 10년 동안 우리 회사에서 가장 좋은 실적을 낸 종목 중 하나가 됐다.

노티카 엔터프라이즈

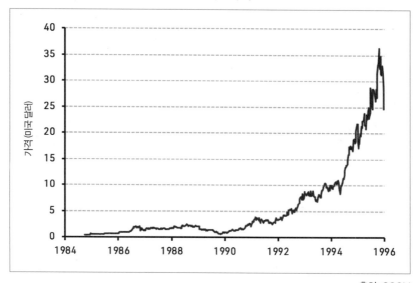

출처 : SCCM

17장

매수 시 유의점

오늘날 투자자들은 기업의 보고 관행을 관리·감독하는 미국 증권거래위원회SEC로부터 주식에 관한 고품질 연구 결과는 물론 각종 혜택을 받는다. 전반적인 투자 환경은 역사상 그 어느 때보다 훨씬 좋다.

예를 들어, 1920년대에는 주식시장에 대한 규제가 거의 없었고, 그로 인한 피해는 고스란히 일반 투자자의 몫이었다.

그러나 오늘날에도 여전히 투자자들은 예상치 못한 위험을 항상 조심해야 한다. 다음은 투자자들을 곤경에 빠뜨린 몇 가지 사례다.

분석가들의 잘못된 지침

좋은 의도에도 불구하고, 조사 전문가들은 현재 진행 중인 상황을 완전히 놓칠 수 있다.

2008년, 결국 금융위기로까지 이어진 미국 은행 주식이 대표적인 사례다. 당시 월스트리트의 모든 조사업체는 은행주를 공격적으로 추천하고 있었다. 순자산 대비 역사적으로 저렴한 가격에 팔리고 있었기 때문이다.

그러나 여기에는 함정이 하나 있었다. 거래량이 워낙 많았던 탓에, 은행은 거래 위험 방지에 사용된 막대한 규모의 파생상품을 떠안았다.

결국 금융위기가 닥쳤고, 이미 과도한 수준에 도달한 것이 분명해진 상황에서 은행들은 파생상품 포지션을 청산해야 했다. 이것은 잘못 책정된 가격으로 은행의 순자산이 크게 과장됐음을 의미했다.

은행주는 붕괴했고, 리먼 브라더스, 베어스턴스 같은 오랜 기업도 한순간에 무너졌다. 씨티은행, 메릴린치 등 일부 은행은 긴급 구제 대상이 됐다.

규제를 안 받는 투자

규제를 안 받는 투자 수단들은 경험 많고 노련한 투자자들 사이에서 인기가 있었다. 하지만 이들조차도 얼마든지 속을 수 있다. 베르니 매도프Bernie Madoff 스캔들이 대표적이다.

헤지펀드를 보유하고 있던 베르니는 수년간 일관되게 좋은 실적을 발표했다. 그 실적은 너무 좋아서 믿기 어려울 정도였다. 이후 투자자들의 항의가 빗발치자 SEC는 공식 조사에 착수했다.

그 결과 투자 실적은 '믿기 어려울 정도'로 너무나 부풀려져 있었다. 베르니의 폰지사기Ponzi Scheme[24]는 중단됐고, 그는 감옥에 갔다. 투자자들은 수십억 달러를 잃었다.

---

24 실제로는 이윤을 거의 창출하지 않으면서, 수익을 기대하는 신규 투자자를 모은 뒤, 그들의 투자금으로 기존 투자자에게 수익금을 지급하는 방식으로 자행되는 다단계 금융 사기 수법.

구조화된 상품

전설적인 투자자 워런 버핏Warren Buffett은 이런 말을 했다.

"당신이 이해하지 못하는 건 사지 말라."

투자자의 흥미를 끄는 여러 종류의 단일 상품과 상품 조합이 존재한다. 그러나 투자자들은 모름지기 버핏의 충고를 명심하고, 자신이 무엇을 사려고 하는지 확실히 알아야 한다. 많은 경우에 문제는 사실이 밝혀지고 나서야 드러난다. '지하철 근로자 퇴직기금' 사례가 대표적이다.

코로나19 위기가 정점에 달했을 무렵, 뉴욕 지하철 시스템은 상당한 압박을 받고 있었다. 당시 지하철 근로자 퇴직기금의 표면적 목표는 최대한 위험을 피해 안정적으로 운영하는 것이었다.

그런데도 한 대형기관 기금 관리자는 지하철 근로자 퇴직기금 위원회 측에 소위 '사계절 펀드All Weather Fund' 운용을 제안했다. 해당 관리자는 "사계절 펀드는 상승장에서 이미 좋은 성과를 냈으며(아마도 레버리지를 이용해), 이론적으로 하락장에서는 기금 보호를 위해 옵션을 사고 판다"라고 설명했다. 그러나 2020년 1분기 조정장에서 시장은 매도세를 겪었고, 옵션 매매도 본래 계획대로 진행되지 않았다. 그 결과 기금 규모는 3억 3,000만 달러에서 900만 달러로 97% 폭락했다.

역투자자가 되라

많은 역사적 자료는 주식 전문가들이 선택한 종목이 그리 좋은 실적을 갖고 있지 않다는 것을 보여준다. 연초에 가장 큰 인기를 끈 종목이 연말에는 최고 인기 종목의 실적을 밑도는 경우가 많다.

금융위기 이후 2010년 1월 상황이 대표적이다. 2009년 초 선택한 종목의 실적을 확인한 결과 매수 추천이 가장 많았던 종목은 평균 73% 상승한 반면, 매수 추천이 가장 적었던 종목은 무려 165% 상승했다.

이와 비슷한 사례는 매우 많고, 이들은 대체로 같은 결과를 나타낸다. 이런 현상은 이미 여러 번 입증됐다. 왜냐하면 가장 선호되는 주식은 과대 평가되는 경향이 있는 반면, 가장 비선호되는 주식은 오히려 더 나은 가치를 나타내기 때문이다.

워런 버핏이 지적했듯, 투자자들은 인기 상품에 큰 대가를 치른다.

실적의 함정

컨설턴트가 실적을 분석하고 평가하는 일반적인 방법은 자산 관리자의 최근 1년, 3년, 5년 실적을 보는 것이다. 이것은 물론 도움이 되지만, 위험을 감수하는 정도까지 드러내진 않는다.

강력한 상승장에서 최고의 실적을 낸 자산 관리자는 레버리지를 이용하는 등 대개 가장 높은 수준의 위험을 감수하기 때문이다.

메릴린치 1년 차 시절, 선임 펀드매니저와 함께 저명 학술 재단의 프레젠테이션에 참석했을 때 나는 리스크와 레버리지 관계를 처음으로 경험했다.

당시 선임은 이사회 이사들이 검토할 수 있도록 5개의 서로 다른 펀드를 제시했다. 그러자 내 옆에 앉아 있던 이사 한 명이 이렇게 물었다.

> "수익률이 25%인 펀드가 있고 나머지는 그보다 낮은데,
> 전자를 택하지 않을 이유가 없지 않나요?"

실제로 그들은 그것을 택했다. 하지만 2년 후, 그 선택은 결국 재앙이었다. 해당 펀드의 실적이 높았던 이유는 높은 레버리지를 이용해 강세장의 수혜를 입은, 투기성이 강한 종목에 투자했기 때문이었다. 하락장에 진입하자 레버리지는 실패의 주요 원인이 되었다.

진실이 무엇인지 구분하기 힘든 언론매체

〈파이낸셜타임즈〉처럼 신뢰할 수 있는 출처에서조차 진실을 흐리게 만드는 정보가 보도될 수 있다.

〈파이낸셜타임즈〉 2013년 5월 24일자 1면에는 폴로 브랜드 옷을 입은 테니스 선수들이 네트를 뛰어넘는 사진이 실렸다. 첨부된 머리기사에는 '수익'과 '도약'이라는 단어가 포함돼 있었다. 이것은 투자자들이 당장 가서 랄프로렌Ralph Lauren 주식을 사도록 부추겼을 수 있다.

그러나 회사의 현실은 좀 달랐다. 같은 날 14면 가장 밑부분에는 랄프로렌 수익 전망을 논의하는 기사가 실렸는데, 결코 낙관적이지 않았다.

만약 누군가 전체 기사를 읽지 않은 채 머리기사만 보고 랄프로렌 주식을 샀다면, 3년 후 투자금의 50%를 잃었을 것이다. 이것은 기사 전체를 확인하는 것이 얼마나 중요한지 보여준다.

---

key point

이번 장의 교훈은 무엇을 사든, 어떤 정보를 듣고 사든 조심하라는 것이다.

랄프로렌 (2013~17년)

출처 : 블룸버그

18장

수익이 나지 않을 때

지난 60년간 투자 경험에서 한 가지 사실은 변치 않았다.

포트폴리오에는 심지어 강력한 상승장에서조차 문제가 있는 주식이 꼭 한 개는 있다는 것이다. 다음은 몇 가지 사례다.

다이아몬드 오프쇼어

2013년 1월, 원유 시추업체 다이아몬드 오프쇼어Diamond Offshore는 주당 74달러에 판매되고 있었다. 주가수익률은 11배, 배당수익률은 6.0%였다. 이것은 무척 흥미로웠는데, 당시에는 이렇게 높은 배당수익률을 가진 매력적인 가격의 주식을 찾기 힘들었기 때문이다.

각종 연구 결과를 보면, 다이아몬드 오프쇼어의 대차대조표는 동종

업계에서 가장 강력한 수준이었다.

이것은 매우 중요한 부분이다. 원유를 시추(땅속 깊이 구멍을 파는)하는 현장의 굴착 장치 수는 변동성이 매우 크기 때문이었다. 강력한 대차대조표는 회사가 이런 변동성을 견딜 수 있게 해준다.

이외에도 다이아몬드 오프쇼어에 대한 우호적인 연구 보고서는 매우 많았다. 회사는 대부분 티슈Tisch 가문이 소유하고 통제한다는 내용도 포함돼 있었다. 가문의 수장인 래리 티슈Larry Tisch는 배당수익을 중시했던 가치투자자로 명성이 높았다.

나는 도날슨 러프킨 앤드 제네트 근무 당시 함께 일했던 저명한 분석가 커트 울프에게 전화를 걸었다. 커트는 원유 시추업체 종목은 변동성이 너무 크고, 주식이라기보다는 흡사 거래 수단처럼 행동하기 때문에 눈여겨보지 않는다고 말했다.

나는 커트의 조언을 무시한 채 높은 배당수익, 매력적인 밸류에이션, 강력한 대차대조표, 티슈 가문의 평판에 매료돼 다이아몬드 오프쇼어 주식을 사들였다.

하지만 커트의 말을 들었어야 했다. 나의 지나친 욕심이 화를 자초하고 말았다.

원유 시추 굴착 장치의 과잉 공급은 예상보다 심각했다. 또 다이아몬드 오프쇼어가 원유 이외의 사업을 추진하며 비전이 모호해진 것도 문제가 됐다. 17달러까지 내려간 주가는 결국 1달러까지 폭락했다.

얼라이드 캐피털

수익률 욕심에 또 한 번 실수하고 말았다.

2002년, 금융서비스 업체 얼라이드 캐피털^{Allied Capital} 주식은 주당 20달러에 판매되고 있었다. 주가수익률은 10배, 배당수익률은 6%였다. 월스트리트의 많은 업체가 해당 종목의 매수를 추천했다.

하지만 얼라이드 같은 금융서비스 업체는 일반 사람이 생각하는 것보다 훨씬 더 복잡했다.

금융위기가 터지자, 얼라이드는 빙산의 일각이었다. 수많은 회사가 매우 의심스러운 분식회계에 연루돼 있다는 사실이 밝혀졌다. 얼라이드 주식은 2008년 12월, 세금 손실을 피하고자 주당 2달러에 매각했다.

> **key point**
>
> 최근 몇 년 동안 나는, 기업이 수익 극대화를 위한 욕구를 이기지 못해 때로는 한계를 넘어서기도 한다는 사실을 알게 됐다. 따라서 월스트리트와 관계없는 사람에게 전화도 해보고, 대차대조표를 상세히 들여다보며 경영진을 평가하는 작업은 주식 선택 과정에서 핵심적인 부분이다. 이렇게 해도 놓치는 부분이 생길 수 있다.

19장
3개의 항해 장치

3개의 항해 장치에 대한 아이디어는, 내가 USS 에식스 항공모함에서 근무할 당시로 거슬러 올라간다.

항구에 진입하려다 안개에 갇힌 경우, 등대 같은 첫 번째 항해 장치가 있다면 무사히 정박할 가능성이 크다.

반짝이는 부표 같은 두 번째 항해 장치가 있다면, 성공 가능성은 훨씬 더 커진다.

그리고, 무엇이든 세 번째 항해 장치까지 갖고 있다면 최악의 안개 속에서도 항구 진입은 사실상 보장된다.

이것을 주식시장에 적용해보면, 낮은 주가수익률처럼 매력적인 밸류에이션을 지닌 주식은 첫 번째 항해 장치를 가진 것과 같다. 이것만으로도 투자 성공의 훌륭한 기회가 될 수 있다.

두 번째 항해 장치는 투자자가 주목할 만한 요소를 갖는 것이다. 이 것은 성공 가능성을 크게 높여준다.

세 번째 항해 장치는 두 부분으로 나뉜다. 첫째, 주식은 S&P500 지 수 대비 과매도 된 상태다. 둘째, 주식에 대한 모멘텀(주가 추세의 가속 도를 측정하는 지표)이 나타나기 시작한다.

이 세 번째 장치까지 추가하면 대개 시간의 경과에 따라 최고의 수 익률을 얻곤 했다. 유니레버, 디즈니, 마이크로소프트 사례를 통해 살 펴보자.

유니레버

유니레버에 관해서는 이미 12장에서 설명했다. 유니레버의 경우 첫 번째 항해 장치는 매력적인 밸류에이션이었다. 주식은 10배의 주가수 익률, 4% 배당수익률로 판매되고 있었다. 두 번째 항해 장치는 신흥시 장에서의 폭발적인 잠재력이었다.

세 번째 항해 장치의 첫째는, 기업의 성장이 지지부진한 것으로 여 겨져 주식도 인기가 없었다는 점이다. 다음 [도표 1]은 2004년 유니 레버 주식이 얼마나 인기가 없었는지 보여준다.

세 번째 항해 장치의 둘째는, 모멘텀이 나타나기 시작하는 [도표 2] 에서 볼 수 있다.

유니레버 [도표 1]
(세 번째 항해 장치의 첫째 – 비선호 주식)

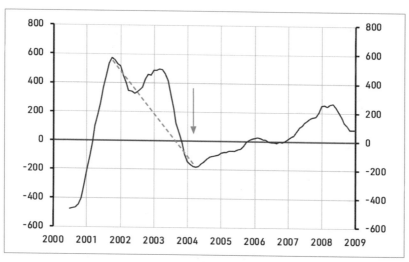

*Y축에 대한 변화율을 보여주는 모멘텀 도표

유니레버 [도표 2]
(세 번째 항해 장치의 둘째 – 모멘텀)

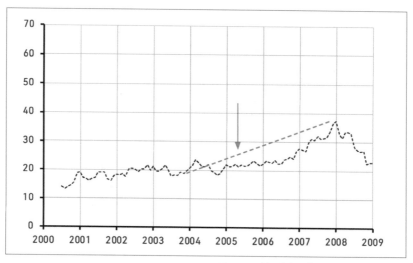

*S&P500 지수 대비 주가를 보여주는 모멘텀 도표

유니레버 [도표 3] – 결과

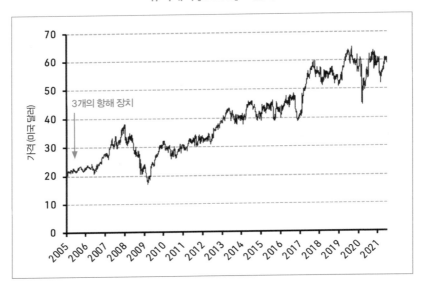

[도표 2]는 유니레버 주식에 대한 모멘텀이 어떻게 시작됐는지 보여준다. 세 번째 항해 장치의 첫째, 둘째 조합이다.

[도표 3]은 결과를 보여준다.

디즈니

 2004~05년 디즈니 주식은 주가수익률 기준으로 매력적인 수준까지 떨어졌다. 테마파크 및 엔터테인먼트 사업의 부진한 실적 탓이었다. 경영진은 혼란스러운 기색이 역력했다.

 그 결과 주가수익률은 11배를 기록했다(첫 번째 항해 장치).

 이후 주목할 만한 부분이 생겨났다. 경영진 교체였다. 아이스너^{Eisner}가 회사를 떠난다는 소문이 돌았다(두 번째 항해 장치).

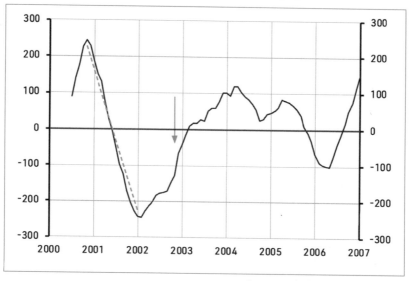

디즈니 [도표 1]
(세 번째 항해 장치의 첫째 – 비선호 주식)

＊Y축에 대한 변화율을 보여주는 모멘텀 도표

디즈니 [도표 2]
(세 번째 항해 장치의 둘째 - 모멘텀)

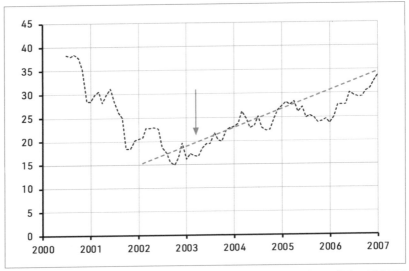

디즈니 [도표 3] - 결과

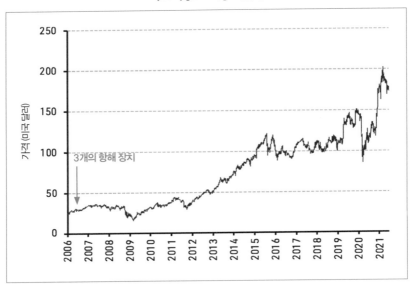

[도표 1]에 나타나듯이 디즈니 주식은 사람들의 관심에서 멀어지며 (세 번째 항해 장치의 첫째), 훌륭한 진입점을 제공했다.

[도표 2]는 경영진 교체에 대한 기대감으로 갑자기 모멘텀이 살아나기 시작해(세 번째 항해 장치의 둘째) 주가가 회복하기 시작했음을 보여준다.

결과는 [도표 3]의 디즈니 주가를 보면 알 수 있다.

마이크로소프트

마이크로소프트는 1990년대 후반 기술 붐 당시 선도적인 기술주였다. 거품이 붕괴하자 나스닥을 구성하는 기술주들은 이후 10년 동안 내림세를 유지했다. 기술 붐 속에서 밸류에이션이 지나치게 확대된 탓이었다.

한편 이 기간, 마이크로소프의 사업과 수익은 호조를 보였으나 주가는 계속해서 하락했다. 결국 밸류에이션 기준으로 매력적인 가격 수준에 이르렀다(첫 번째 항해 장치).

주식의 저조한 실적 속에서도 마이크로소프트의 성장은 계속됐다(두 번째 항해 장치).

마이크로소프트 [도표 1]
(세 번째 항해 장치의 첫째 – 비선호 주식)

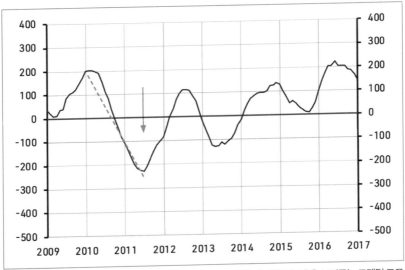

*Y축에 대한 변화율을 보여주는 모멘텀 도표

마이크로소프트 [도표 2]
(세 번째 항해 장치의 둘째 – 모멘텀)

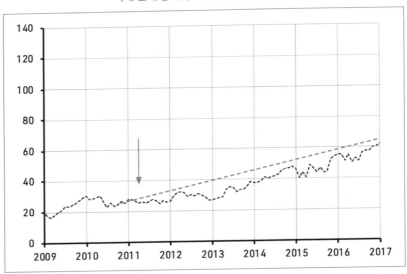

*S&P500 지수 대비 주가를 보여주는 모멘텀 도표

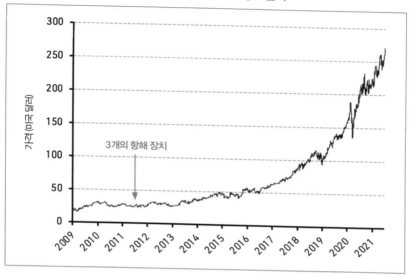

마이크로소프트 [도표 3] – 결과

[도표 1]에서는 마이크로소프트가 2010~11년 사이 얼마나 인기가 없었는지 보여준다.

그러나 이후 월스트리트는 마이크로소프트의 강력한 가치를 알아 봤고, 모멘텀이 살아나기 시작했다(도표 2). 이제 세 번째 항해 장치를 위한 훌륭한 진입점을 얻었다.

[도표 3]은 이후의 결과를 보여준다.

20장

언제 팔아야 할까?

　지금까지 살펴봤듯이 매수 규칙은 아주 명확하고 간단하다. 하지만 언제 팔아야 할지 정하는 건 무척 까다롭다.

　이번 장에서는 내 경험을 토대로 수십 년간 발전시켜 온 일반적인 규칙을 살펴보자.

　투자자로서 가장 중요한 건, 실제 가치보다 매력적인 가격과 주목할 만한 점을 지닌 주식을 끊임없이 찾아내는 것이다. 그래서 비싼 주식은 팔고, 매력적인 가격의 새로운 주식을 사는 것이다.

주가가 오를 때

주가가 평소보다 훨씬 높게 움직이고, 포트폴리오 내 표준 3% 가중치에서(약 33개 종목 보유 기준) 6% 가중치로 이동한다. 그러나 밸류에이션 기준으로 여전히 매력적이라면 보유 비중을 표준 3% 가중치로 줄이는 전략이 유효할 수 있다.

수익을 내기에 앞서, 주가가 급등하면 좀 더 매력적인 종목으로 대체할 때까지 보유한다. 상승이 지속하면 포지션을 절반으로 줄이는 게 좋다.

고배당 전략에서 주가수익률 평가는 매도에 핵심이지만, 배당수익률도 중요한 요소다. 고배당주는 매수 전 3% 이상의 배당수익률을 보이는 경우가 많다. 그러나 주가가 오르거나 배당금이 삭감돼 배당수익률이 2% 아래로 떨어지면, 매도를 고민해볼 수 있다.

주가가 내릴 때

불행하게도 때로는 여러 가지 이유로 인해 포트폴리오 내 주식이 시장 평균보다 30% 이상 떨어지기도 한다. 이런 상황이 되면, 특히 세금으로 손해를 볼 수 있는 과세 대상 계정부터 빠르게 처분한다.

하지만 주식시장의 역사와 내 경험에 비추어 볼 때 충분한 조사도

하지 않고 무분별하게 반응하는 것은 아무런 이득이 되지 않는다.

과거 연구 결과를 살펴보면, 특정 종목의 주가가 30% 이상 하락한 경우에 매도되거나 그대로 보유된 비중은 각각 50%인 것으로 나타났다.

그러나 이들 중 75%는 그대로 보유하거나 더 하락했을 때 추가로 매수했어야 하는 종목이었다. 이와 함께 부채가 있는 회사라면, 대개는 파는 게 최선이었다는 사실도 확인할 수 있었다.

다음 머크Merk의 사례를 보면, 주가가 내릴 때 어떻게 해야 하는지에 대한 아이디어를 얻을 수 있을 것이다.

머크

머크는 오랜 시간 미국 최고의 제약회사로 손꼽히는 기업이었다. 그러나 가치투자자에게는 한 가지 문제가 있었다. 주가수익률 배수가 항상 지나치게 높다는 것이었다.

2000년대 초, 다수의 주요 제약업체가 특허권을 획득하며 제약업계 전반에 엄청난 불안감이 생겨났다. 수익성이 가장 높은 약들을 대체할 수 없을 것이라는 판단 때문이었다. 결과적으로 이런 회사의 주식은 급격한 매도세를 겪었다.

이런 상황에서 항상 20배 이상이었던 머크의 주가수익률은 아주 매력적인 수준인 12배까지 떨어졌다. 배당수익률은 3.5%였다.

이에 머크를 비롯한 주요 미국 제약업체는 여러 생명공학 업체와 함께 다수의 합작사업을 추진했다. 그 결과 의약품 파이프라인을 기존 수준으로 회복할 수 있으리라는 결론에 도달했다.

또 전반적으로 세계 인구가 증가하고 고령화되면서 제약산업의 장기 전망은 꽤 매력적으로 보였다. 이런 이유에서 나는 머크의 주식을 매수했다.

당시 급성 관절염 통증 완화제 바이옥스Vioxx는 머크의 핵심 제품 중 하나였다. 그러나 부작용 탓에 피해자들로부터 소송이 줄을 잇기 시작했다. 이런 상황에서 미국 메이오클리닉Mayo Clinic의 국내 최고 심장전문의는 바이옥스의 엄청난 위험성을 제약업계가 인정해야 한다고 공개적으로 말했다.

이에 주가는 더욱 하락했다. 머크는 집단소송은 받아들이지 않고, 사안별로 소송을 진행하겠다고 밝혔다. 이런 소식이 머리기사로 실리는 건 결코 호재가 아니다.

매수 시점보다 30% 하락한 주식은 바이옥스 사태로 20% 더 떨어졌다. 머크 주식은 이제 10배의 수익으로 팔리고 있었다. 바이옥스 사태와 관련해 부정적인 기사가 계속해서 보도되자 투자자들로부터 매도 압박이 심해졌다. 세금 손실을 감수하고서라도 매도하는 방법도 있었다.

머크 (2006~10년)

출처 : 블룸버그

머크 (2006~21년)

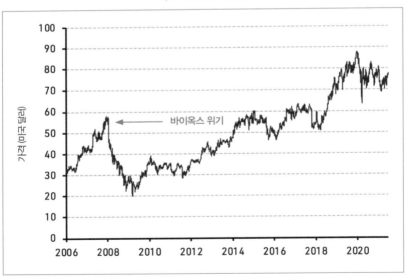

출처 : 블룸버그

수많은 논의 끝에 우리가 정리한 시나리오는 다음과 같다.

레이 길마틴Ray Gilmartin 회장이 물러나고, 곧바로 후임자가 들어와 배당금을 삭감해 주가를 더 떨어뜨려 매수 기회를 만들 것이다. 이후 6개월 정도 지나면, 난세의 영웅이 되길 원하는 신임 회장이 배당금을 복구해 주가가 회복될 것이다.

이 시나리오를 염두에 두고, 우리는 세금 손실을 감수하고 주식을 팔아 신임 회장이 배당금을 본래 수준으로 되돌리면 다시 매수하기로 했다.

우리의 예상대로 레이는 해고됐지만, 신임 회장이 배당금을 삭감하진 않았다. 그리고 어떤 이유에서인지 바이옥스 사건은 더이상 기사에 등장하지 않았다.

1년 후, 매우 유감스럽게도 머크 주식은 80%나 올랐다. 머크의 사례는 탄탄한 재정을 가진 회사가 악재를 어떻게 견디는지 보여주는 대표적인 경우다.

패턴 5

가치투자
'5년의 법칙' 적용하기

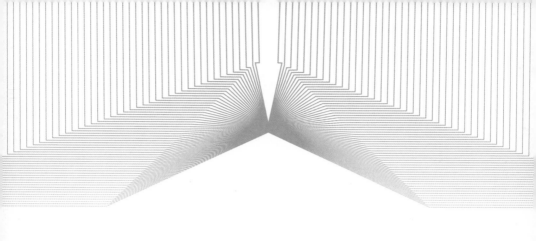

퍄턴 5에서는 가치 관련 원칙이 투자 세계의 다양한 부문 내 전략에서 어떻게 적용될 수 있는지 알아본다. 이것이 중요한 이유는 투자자들이 시기별로 서로 다른 주식에 노출되기를 원하기 때문이다. 이 내용에 대해 다음과 같은 순서로 살펴볼 것이다.

• 가치주

• 고배당 가치주

• 소형 가치주

• 국제 시장 고배당 가치주

• 신흥시장 고배당 가치주

• 옵션 매도 : 커버드콜

• ESG 투자

21장

가치주

가치투자 전략의 기본 토대는 낮은 주가수익률이다. 주가수익률 기준 하위 20% 종목을 선택하면 가치투자 전략을 따른 것으로 정의한다. 각종 연구 결과 주가수익률이 낮고, 평균 수익 증가율보다 높은 기업이 가장 큰 수익을 내는 것으로 나타났다.

2장 '가치투자 원칙'에서 말했듯이 투자자는 주가수익률 외에 나머지 두 기준인 주가순자산율과 배당수익에도 주목해야 한다.

또한, 10장 '조사 절차'에서 제시한 다양한 지표를 확인하는 것도 중요하다.

가치주 포트폴리오는 안정성 때문에 대형주 위주로 구성하는 것이 좋다. 그러나 평가 기준에서 봤을 때 저렴하고 또 성장 전망이 좋을 때는 국제주^{international stock}[25]와 소형주도 활용해야 한다.

내 경험에 비추어 보면, 30~35개 정도면 포트폴리오를 제법 다양하게 구성할 수 있다. 처음에는 각 주식에 3% 가중치를 두어 특정 주식에 집중되는 위험을 피한다. 이 두 가지 원칙을 적용하면 평균 수준보다 더 안전하게 하방을 보호할 수 있다.

목표는 주식을 장기적으로 보유하는 것이다. 이는 세금 측면에서도 효율성이 매우 높다는 장점이 있다.

다음 장부터는 가치 전략의 주가수익률을 시작으로 일련의 투자 전략을 살펴보자.

---

[25] 발행 국가 내에서 뿐만 아니라 해외 금융 센터에서 판매 가능한 주식.

22장

고배당 가치주

주가수익률에 배당 요소를 추가해 고배당 전략으로 나아가면, 상당한 수준의 추가적인 하방 보호가 가능하다.

역사적으로 보면 이 전략은 강세장에서 좋은 성과를 거두었다. 하지만, 약세장에서는 추가적인 하방 보호를 제공했다. 이에 따라 고배당 전략은 투자의 '안전망'으로 일컬어졌다.

고배당 전략의 3가지 요소는 다음과 같다.

1. **주가수익률** : 모든 전략의 기본 토대다.

2. **배당수익률** : 배당수익률이 최소 3% 이상인 주식 매수를 목표로 한다.

3. **배당성장률** : 고배당 전략의 핵심으로 강력한 상승장에서 포트폴리오 수익률이 시장을 따라잡을 수 있도록 한다. 배당성장률이 10%대인 주식 매수를 목표로 한다.

다음 도표는 S&P500이 진행한 연구 결과로 가장 수익률이 높은 주식과 가장 수익률이 낮은 주식(성장주), S&P500 지수를 비교해서 나타낸 것이다. 이 연구는 S&P500 지수가 처음 도입된 1956년으로 거슬러 올라가 1957~2009년까지의 실적을 모두 포함하고 있다.

도표에서 나타나듯, 결과는 매우 놀랍다. 수익률이 가장 높은 주식은 S&P500 지수보다는 약 4배, 수익률이 가장 낮은 주식보다는 약 10배나 높은 수익을 올린다.

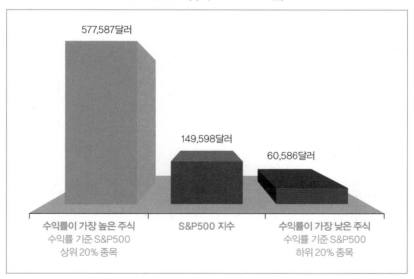

수익률이 가장 높은 주식, 수익률이 가장 낮은 주식,
S&P500 지수 (1957~2009년)

출처 : S&P. '1957~2009년까지 누적 수익률' 자료.
배당금 중 일부는 매년 재조정 및 재투자된 것으로 가정.
최고는 상위 20% / 최저는 하위 20%.

침체장에서의 배당금

4장 '배당금'에서는 1940년 시작된 배당금 지급이 이후 80년간 12 차례의 침체기를 겪는 동안에도 꾸준히 증가해왔음을 확인했다. 유일한 예외는 2009~10년 침체기에 미국 정부가 실시한 TARP 프로그램으로 은행들이 배당금을 축소하거나 없애도록 강요받았을 때였다.

그러나 이후 S&P500 배당금은 역대 최고치를 기록했다.

역시 4장에서 말했듯이 불황을 겪고 주가가 하락했을 때도 기업들은 배당금을 유지할 수 있는 방법을 찾아 투자자들에게 상당한 수준의 하방 보호를 제공했다.

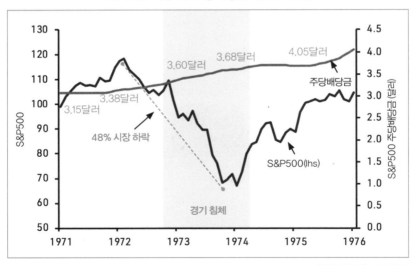

S&P500 지수 및 주당배당금 (1972~76년)

출처 : 블룸버그, 2021년

침체기에도 배당금이 어떻게 유지되었는가를 보여주는 한 예로, 4장에서 제시한 도표를 다시 한번 복기해보자.

죽음의 10년

배당이 어떻게 강력한 하방 보호를 제공하는지에 대한 최근의 사례도 있다. '죽음의 10년'으로 불리는 2000~10년 시기다.

2000년 기술주 붕괴로 시작한 시장 침체는 2001년 9.11 테러, 2008년 시장을 강타한 재앙적 금융위기까지 덮치며 그야말로 죽음의 10년을 맞았다. 이때는 주식시장 역사상 최악의 시기 중 하나로 평가된다.

죽음의 10년 서막을 알린 2000년 초, 고배당 포트폴리오의 배당수익률은 3.5%였다. 이후 배당이 증가하며 2009년 말까지 비용 기준 배당수익률은 7.75%까지 증가했다.

또한, 전체 시장이 하락하는 동안 포트폴리오 가치는 거의 2배가 됐다. 이것은 어려운 시장에서 고배당 전략의 힘을 보여준다.

다음 도표에서 그때 상황을 확인할 수 있다.

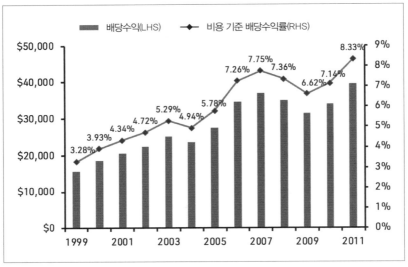

죽음의 10년 동안 배당수익 및 비용 기준 배당수익률 (1999~2011년)

누적 총수익 : 고배당 가치주, +94.01 / S&P500, -4.48

크루거 파울러의 어머니

1992년 내가 고배당 전략을 처음 시작했을 때 배당수익률에 초점을 맞춘 투자법은 전혀 인기가 없었다. 당시 고배당 전략은 '배당주 전략Equity Income'으로 불렸다. 이 전략은 오직 배당수익률에만 집중했고, 대부분 유틸리티 주식으로 구성됐다.

그러나 우리의 전략은 완전히 달랐다. 배당수익률 외에 주가수익률, 배당성장률도 중시했고, 산업의 형태도 다각화했다.

하루는 내 친구이자 월스트리트의 베테랑 투자자인 크루거 파울러 Kruger Fowler가 새로운 배당 전략을 개발했다는 소식을 들었다며 내게 전화를 걸어왔다. 그러면서 자신이 소위 '배당 신봉자'가 될 수밖에 없었던 흥미로운 이야기를 들려주었다.

지난 30년간 크루거는 어머니의 투자를 전담하고 있었다. 어머니가 높은 가중치의 채권 포트폴리오 수익에 만족하지 못하자, 크루거는 더 많은 수익을 위해 고배당 주식에 투자했다.

그러는 사이 크루거는 여전히 월스트리트의 펀드매니저로 최고 부자들의 포트폴리오를 수시로 조정하며 관리해나갔다. 하지만 어머니의 포트폴리오는 겨우 1년에 한 번 손을 볼까 말까였다.

그러나 어머니가 돌아가신 후, 크루거는 어머니의 포트폴리오가 자신이 관리하는 모든 고객 중에서 가장 뛰어난 성과를 낸 것을 보고 깜짝 놀랐다. 그가 '배당 신봉자'가 된 이유다.

23장

소형 가치주

때로는 소형주가 다른 모든 종목을 앞지르기도 한다. 그런데 포트폴리오를 관리하는 측면에서 보면, 소형주 시장은 변동성이 큰 탓에 투자자들이 투자 전략을 고수하기 어렵다는 게 걸림돌로 작용한다. 하지만 낮은 주가수익률은 이 같은 하방 위험을 감소시킨다.

소형 가치주 전략에는 가치주 전략과 같은 조사과정이 수반되며, 유일한 차이는 기업의 규모다. 소형주 포트폴리오에서는 시가총액 30억 달러 이하인 기업의 주식에만 집중한다.

다음 연구 결과를 보면, 시가총액 기준 S&P500 하위 20% 종목의 수익률이 S&P500 전체 수익률을 능가했다. 이 기간에 S&P500 지수의 복합 연간 수익률은 10.1%를 기록했으나, 하위 20% 종목은 14.6%를 나타냈다.

소형 가치주의 우수한 실적

년도	S&P500	시가총액 기준 하위 20%	년도	S&P500	시가총액 기준 하위 20%
1968	11.0	74.2	1996	23.0	20.6
1969	−8.4	−27.9	1997	33.4	26.6
1970	3.9	3.3	1998	28.6	2.1
1971	14.3	14.3	1999	21.0	16.4
1972	18.9	5.9	2000	−9.1	8.6
1973	−14.7	−23.6	2001	−11.9	20.3
1974	−26.5	−11.5	2002	−22.1	−16.0
1975	(37.2)	(62.8)	2003	(28.7)	(67.9)
1976	23.9	52.8	2004	10.9	19.2
1977	−7.2	9.0	2005	4.9	3.5
1978	6.6	14.5	2006	15.8	19.2
1979	18.6	42.4	2007	5.5	−7.2
1980	32.4	30.6	2008	−37.0	−41.3
1981	−4.9	17.4	2009	(26.5)	(85.5)
1982	21.5	41.9	2010	15.1	24.1
1983	22.6	48.2	2011	2.1	−1.0
1984	6.3	1.2	2012	16.0	19.7
1985	31.7	19.8	2013	32.4	42.1
1986	18.7	11.4	2014	13.7	12.2
1987	5.3	7.1	2015	1.4	2.5
1988	12.5	22.6	2016	12.0	19.2
1989	31.7	20.5	2017	21.8	15.1
1990	−3.1	−22.3	2018	−4.4	−6.4
1991	30.5	40.9	2019	31.5	20.7
1992	7.6	21.5	2020	18.3	0.23
1993	10.1	15.7	복합 연간 수익률		
1994	1.3	2.9	1968-2020	10.1%	14.6%
1995	37.6	25.2			

출처 : S&P, 팩트셋 리서치, SCCM 2021년

이와 함께 급격한 하락기에는 소형주가 전체 시장보다 더 많이 하락하는 경향이 있지만, 회복기에는 더 나은 실적을 보인다는 사실도 알수 있다(표에서 동그라미로 표시된 사례).

소형 가치주 vs. 소형 성장주

투자자들의 가장 큰 오해는, 소형주 투자가 반드시 소형 성장주로 이뤄져야 한다는 것이다. 하지만 기록에 의하면 그렇지 않다.

다음 표에 제시된 2005년 모닝스타 연구에 따르면, 소형 가치주에 투자한 1달러는 78년 후 2만 달러 이상으로 불어난 반면, 소형 성장주에 투자한 1달러는 같은 기간 1,700달러로 불어나는 데 그쳤다.

그럼에도 지금까지 소형주 투자 대부분은 소형 성장주에 집중되었다. 이 결과는 이후 업데이트되지 않았다. 그러나 소형 가치주의 실적이 훨씬 큰 이유는, 소형주 실적에서는 기업 인수가 크게 작용하기 때

1927년 1달러 투자의 결과

연도	1927	2005
소형 성장주	1달러	1,723달러
소형 가치주	1달러	20,920달러

출처 : 이봇슨 어소시어츠, 모닝스타, 2007년

문이다. 그리고 인수 활동은 대부분 성장주보다는 가치주에서 발생한다.

대부분 기업은 성장을 위해 지속해서 노력하는데, 이때 두 개의 선택지가 있다. 회사 자체적으로 노력하거나 기업을 인수하는 방법이다.

예를 들어, 은행업계에서는 중간급 은행이 경쟁력 유지를 위해 소규모 은행을 인수하는 작업이 계속해서 이루어지고 있다.

2020년 광고업계에서는 대형 업체 1곳이 세계 시장 진출을 위해 전세계 60개 소형 업체를 인수한다고 밝혔다. 이 같은 인수 활동은 대부분 규모가 너무 작아서 언론에 등장하지 않는다.

24장

국제 시장 고배당 가치주

　낮은 주가수익률의 국제주가 미국 주식보다 훨씬 더 저렴할 때가 있다. 일부 국제주나 국제 시장은 미국 주식이나 미국 시장보다 변동성이 크지만, 주식시장의 역사를 보면 배당기준 적용 시 그 위험을 크게 줄일 수 있음을 알 수 있다.

　국제주 포트폴리오는 위험 관리를 위해 약 40~50개 종목으로 다각화하고, 한 산업에서 15%, 한 종목에서 5%를 넘지 않게 구성한다. 또한 국가 비중은 20% 아래로 둔다.

　국제주 포트폴리오 구성 시 아이디어 선별을 위해 활용할 수 있는 광범위한 데이터베이스가 있다. 이들 데이터베이스는 국가별, 산업별, 혹은 이 두 가지 조합으로 활용할 수 있다. 그런 다음 22장 '고배당 가치주'에서 말한 기준을 적용하면 된다.

다음 도표는 국제 시장이 미국 시장과 비교해 얼마나 큰지 보여준다. 국제 시장의 규모는 미국 시장보다 거대하므로 배당금을 지급하는 기업도 미국보다 훨씬 많다.

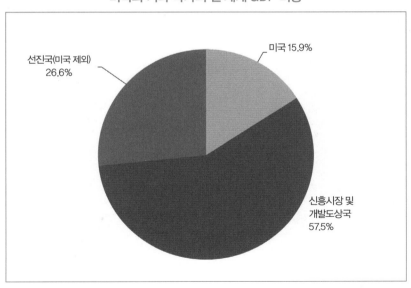

미국과 기타 국가의 전 세계 GDP 비중

미국 15.9%

선진국(미국 제외)
26.6%

신흥시장 및
개발도상국
57.5%

출처 : 세계은행, 2021년

배당금 지급하는 국제 시장 기업

　다음 도표는 배당금을 지급하는 기업의 숫자가 미국보다 국제 시장에 얼마나 더 많은지를 보여준다.

　해당 도표는 시가총액 10억 달러 이상 기업 중 배당수익률이 3% 이상인 기업의 숫자다. 이것은 국제 시장에 우리가 투자할 수 있는 좋은 기업이 무척 많다는 것을 나타낸다.

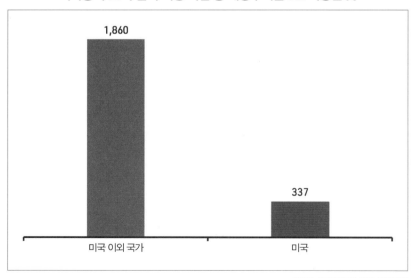

시가총액 10억 달러 이상 기업 중 배당수익률 3% 이상인 곳

출처 : SCCM 리서치, 2021년

배당금 우위

다음 도표는 배당수익률이 높고 배당이 성장하는 국제주가 배당수익률이 낮고 배당 성장도 없는 국제주를 어떻게 극적으로 앞질렀는지 보여준다.

요컨대, 국제주가 미국 주식보다 훨씬 저렴한 시기가 있다.

특히 배당금이 증가하는 고배당 국제주의 우수한 실적이 이미 입증되었다는 점을 고려하면, 국제주 투자는 꽤 좋은 투자가 될 수 있다.

배당수익 및 배당성장 기준 국제주의 상대적 성과

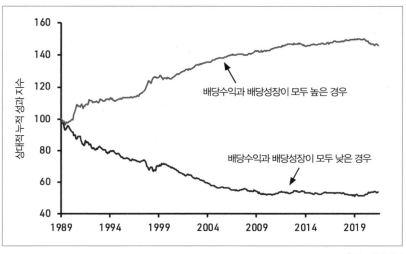

출처 : 메릴린치

25장

신흥시장 고배당 가치주

국제 투자 세계는 중국, 러시아, 인도, 브라질, 인도네시아 등의 국가를 신흥시장Emerging Market, EM으로 분류한다. 이들 시장은 엄청난 잠재력이 있어 국제 투자 포트폴리오에 일부 포함하는 것을 고려할 만하다.

신흥시장 종목은 대체로 선진국 종목보다 변동성이 큰 탓에 하방 보호를 위한 전략에서 배당금 기준이 그 무엇보다 중요하다.

신흥시장은 전 세계에서 빠르게 성장하는 시장을 대표한다. 다음 도표는 전 세계 GDP 중 신흥시장이 차지하는 비중이 얼마나 극적으로 성장하고 있는지 보여준다.

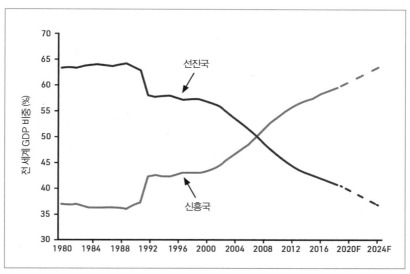

전 세계 GDP 성장 기여도 (PPP)
(1980년부터 2024년 예상치)

*PPP는 구매력 평가지수(Purchasing Power Parity)를 의미함.
출처 : 나티식스 PRCG, 팩트셋, 국제통화기금 세계경제전망

신흥시장의 성장

신흥시장 소비자의 성장은 미국뿐 아니라 다른 선진국과 비교해도 폭발적인 수준이다. 가처분소득이 충분할 만큼 소득 수준이 높은 신흥국 가구 수가 계속해서 빠르게 증가하고 있다.

신흥국에서의 휴대전화 확산은 이들 시장에서 전자상거래가 호황을 누리며 자국 경제가 얼마나 성장했는지, 또 추가적인 성장 여력은

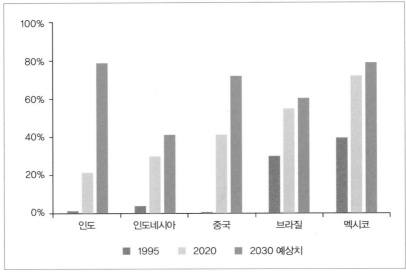

전체 인구에서 중산층이 차지하는 비율

출처 : SCCM 리서치

얼마나 되는지 보여주는 하나의 지표다.

위의 도표는 중산층의 성장을 강조한다. 향후 10년간 중산층 비중은 놀라운 수준으로 성장해 전체 인구에서 차지하는 비중이 대폭 증가함을 알 수 있다.

배당금 : 위험 해소

신흥시장은 성장 잠재력이 매우 크지만, 선진국에 비하면 변동성도 매우 크다.

배당수익과 배당성장이 모두 높은 신흥시장 종목의 실적은 배당수익과 배당성장이 모두 낮은 종목의 실적을 크게 앞지른다. 이는 국제시장의 고배당주 경우와 아주 비슷하다.

---

key point

앞서 논의한 바와 같이 신흥시장 주식은 변동성이 크다. 이때 배당금 기준은 변동성 위험을 해소하는 데 도움을 준다. 신흥시장은 강력한 성장 전망이 있어 투자 가치는 충분하다.

26장

옵션 매도 : 커버드콜

30년 채권 강세장 이후 채권 수익률이 급락하면서 투자자들은 고수익 투자처를 찾고 있다.

이때 커버드콜Covered Call[26] 전략은 좋은 대안이 될 수 있다.

커버드콜은 고배당 포트폴리오의 옵션 25~40%를 매도해 총수익률이 7~8%가 되도록 하는 전략이다. 과거 데이터를 보면 수익의 절반은 기본 포트폴리오의 배당수익에서, 나머지 절반은 콜옵션 프리미엄에서 나온다.

이처럼 꾸준한 수익을 제공하는 것 외에도 커버드콜 전략은 추가적인 하방 보호를 제공한다. 이 전략의 핵심은 포트폴리오 내 기본 주식

---

26 주식과 옵션을 동시에 거래하는 것으로, 주식을 보유한 상태에서 콜옵션을 다소 비싼 가격에 팔아 위험을 안정적으로 피하는 방식.

의 60~75%(옵션이 적용되지 않는 부분)를 매수함으로써 주식의 잠재적인 상승 여력을 확보하는 데 있다.

채권 대비 수익률

다음 표는 10년간 추적 데이터를 통해 커버드콜 전략이 채권과 비교해 얼마나 높은 수익을 가져왔는지 보여준다.

해당 전략은 5년 만기 채권은 6배, 10년 만기 채권은 6배 가까이 앞섰고, 정크본드junk bond[27]는 2배가량 앞섰다.

채권 대비 커버드콜 전략의 성과 (2010. 12. 31~2020. 12. 31)

커버드콜 전략	+115.5%
5년 만기 채권	+19.5%
10년 만기 채권	+18.3%
정크본드	+68.4%

---

27   신용등급이 낮은 기업이 발행하는 고위험 · 고수익 채권

채권의 대안

커버드콜은 채권보다 매우 높은 수익률을 보였지만, 채권과 달리 만기가 없다는 차이가 있다. 10년 만기 채권을 보유한다는 건 만기 때 돈을 돌려받을 수 있다는 뜻이다. 얼핏 매력적으로 보일 수 있지만, 수익률이 너무 낮은 탓에 10년 만기를 채우지 못하고 매각하는 경우 원금 손실이 상당할 수 있다.

주식에는 만기일이 없다. 그러나 주가수익률이 가장 낮은 종목의 10년 수익률을 보면, 2% 채권 수익률보다 매우 높다는 것을 알 수 있다. 다음 표를 확인해보자.

key point

커버드콜 전략은 기본적으로 고배당 전략인 만큼 세금 효율이 높지는 않지만, 비과세 계좌라면 아주 매력적이다.

주가수익률 기준 S&P500 하위 20% (10년 만기 수익률)

	주가수익률 기준 S&P500 하위 20%
2011-2020	10.70%
2010-2019	13.25%
2009-2018	15.42%
2008-2017	11.45%
2007-2016	9.55%
2006-2015	9.58%
2005-2014	11.06%
2004-2013	12.05%
2003-2012	11.73%
2002-2011	9.07%
2001-2010	10.57%
2000-2009	10.92%
1999-2008	7.03%
1998-2007	12.45%
1997-2006	16.13%
1996-2005	16.20%
1995-2004	18.55%
1994-2003	16.46%
1993-2002	14.49%
1992-2001	17.36%
1991-2000	20.23%
1990-1999	15.72%

27장

ESG 투자

사회적 책임 투자는 오래전부터 존재했지만, 그렇게 큰 경쟁은 없었다. 과거에는 미국 기업들이 수익에만 집중한 채 사회적 책임은 부수적인 것으로 취급했기 때문이다. 그러나 ESG(Environmental: 환경, Social: 사회, Governance: 지배구조) 투자가 변했다. 이 주제는 과거보다 투자자들에게 인기 있는 주제로 떠올랐다.

오늘날 세대는 수익에만 집중하지 않고 ESG 요소에 훨씬 민감하다. 이런 이유에서 지금은 가치투자 원칙에 사회적 의제를 결합하는 방식이 효과적일 수 있다. 하지만 그 수익을 논하기엔 시기상조이므로 5년, 10년 후에 실적을 평가하면 매우 흥미로울 것이다.

지금까지는 투자 전략 범위 내에서 가치투자 원칙을 적용하는 방법을 살펴보았다. 이제부터는 시장의 속성에 대해 알아보자.

돈의
패턴

데이터는 거짓말을 하지 않는다

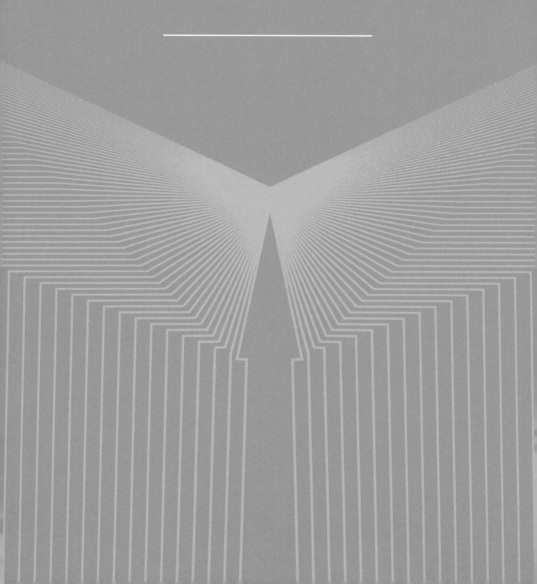

패턴 6

하락장이든 상승장이든
방법은 있다

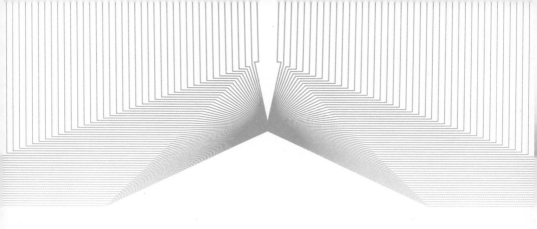

투자자와 전문가들이 성과를 내지 못하는 이유를 묻자
벤저민 그레이엄은 이렇게 대답했다.

"짐승에 대한 이해가 부족하기 때문이다."

'짐승'이 무엇이냐는 질문에 그는 '시장'이라고 답했다.
이와 같은 관점으로, 패턴 6에서는 투자자가 더 나은 성과를 얻을 수 있도록
시장의 특징을 알아보자.

우리가 알아볼 시장의 특징은 약세장과 경기 침체다.
이와 함께 투기 거품, 기록적인 부채 수준, 소비자 신뢰 붕괴, 금리 급등 등
투자자들이 대처해야 하는 몇 가지 상황을 다뤄볼 것이다.

먼저 약세장과 경기 침체다.

28장

약세장과 경기 침체의 역사

이번 장은 매우 중요하다. 대부분 투자 실수가 약세장과 경기 침체 속에서 발생하기 때문이다.

이 같은 실수가 발생하는 이유는 무엇일까?

투자자는 항상 약세장과 경기 침체를 피하는 방법을 찾고자 노력하지만 대부분 실패로 끝나는 탓이다. 경제학자와 시장 분석가들도 다르지 않다. 이들 역시 다음 경기 침체의 원인과 시기를 우려하며 엄청난 시간을 소비한다.

경기 침체와 약세장은 보통 함께 오기 때문에, 이번 장에서는 두 가지 요소를 함께 살펴보면서 이들 요소가 겹치는 부분과 그렇지 않은 부분까지 알아볼 것이다. 먼저 조정과 약세장, 경기 침체의 의미부터 정의해보자.

1. 조정장 : 최근 고점 대비 10% 하락한 경우를 의미한다. 역사적으로 보면, 다섯 번의 조정장 중 네 번은 훌륭한 매수 기회였다. 시장은 상승하는 경향이 있으므로 '하락 시 매수'는 불문율처럼 여겨진다. 하지만 좋은 기회가 아닌 나머지 한 번의 조정장 매수가 문제다.

2. 약세장 : 조정장이 연장돼 시장이 20% 하락한 경우를 일컫는다. '하락 시 매수'심리로 인해 투자자들이 슬며시 진입하기도 한다.

3. 경기 침체 : 미국 정부의 정의대로 GDP가 연속 2분기 하락한 경우를 의미한다. 문제는, 정부가 공식적인 경기 침체를 선언할 때쯤이면 시장은 대체로 회복된다는 데 있다. 경기 침체는 보통 약세장 뒤에 오기 때문에 정부는 약세장에 대한 어떤 경고도 주지 않는다.

지난 70년간의 경기 침체와 약세장을 다루기에 앞서 몇 가지 일반적인 추세를 살펴보자.

- 투자자에게 가장 큰 함정은, 상승장에서는 '하락 시 매수'가 불문율로 여겨지지만, 시장이 20% 하락해 약세장으로 진입할 때는 아무런 사전 경고가 없다는 점이다.
- 역사적으로 보면, 약세장이 사회 전반에 확산할 때는 대개 조정장이 절반 이상 끝나가는 시점이다.
- 약세장이 끝나면, 시장은 저점에서 급등하는 경향이 있다. 과거 기록을 들여다보고 있으면, 이런 저점에서 얼마든지 쉽게 매수할

수 있었을 것만 같다. 하지만 어디까지나 사후평가라 가능한 일! 구체적으로 살펴보면, 바닥을 다지는 기간은 1년 동안 지속할 수 있음을 알 수 있다. 또한, 바닥에서는 허위 상승이 자주 발생하므로 최종 저점을 유추하는 건 매우 어려운 일이다.

- 약세장 저점에서의 급등은 향후 12개월 동안 그간의 약세장 손실을 모두 만회해버린다. 이번 장 끝에서는, 이런 약세장 바닥에서 1년간 만회할 기회를 놓치면, 주식 투자의 혜택을 모두 놓쳐버릴 수 있음을 과거 사례를 통해 알아볼 것이다.

이제 지난 70년 동안의 경기 침체와 약세장 간 상관관계를 살펴보자. 먼저 1969~70년 경기 침체기다.

1969~70년 최악의 약세장

이 시기는 대공황 이후 최악의 약세장이었다.

다음 도표는 1968년 10월, 고점을 기록하며 긴 강세장이 마침표를 찍었음을 나타낸다. 고점에 앞서 수년간 이어진 10% 조정장은 좋은 매수 기회였다. 따라서 시장이 고점에 이른 순간에는 이미 여러 번의 '하락 시 매수' 기회가 사라진 셈이다.

약세장이 공식화되기 전에는 시장이 반등과 퇴보를 여러 차례 반복

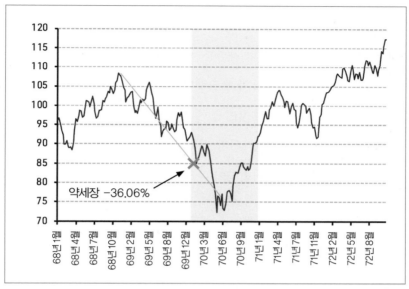

1969~70년 경기 침체 (S&P500)

약세장 −36.06%

×: 약세장(−20%)은 1970년 1월 29일 공식화됐다.
음영으로 처리된 부분은 경기 침체를 의미한다.
출처: SCCM

하는 기간이 있었다. 투자자들이 강세장이 실제로 끝났다고 믿기까지
는 꽤 오랜 시간이 걸렸기 때문이다.

전형적인 저점에서의 급등 현상도 볼 수 있다. 상승세는 2년 만에 약
세장의 하락분을 모두 만회했다. 도표에서는 V자 형태로 회복한 것처
럼 보이지만, 실제로는 바닥 형성에 6개월이 걸렸다.

1973~74년 조정 이후 약세장

1970년 저점 이후 시장의 가파른 상승세는 이른바 '니프티50' 고품질 기업을 매수하는 기관들이 주도해나갔다.

매수자들은 이들 기업의 전망을 매우 높게 평가했기 때문에 어떤 가격에 주식을 사도 충분한 가치가 있다고 생각했다. 그 결과 투자자들 사이에서는 '하락 시 매수' 전략이 다시 한 번 깊이 뿌리내렸다.

1973~74년 경기 침체 (S&P500)

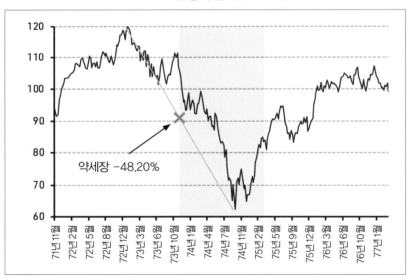

✕ : 약세장(−20%)은 1973년 11월 27일 공식화됐다.
음영으로 처리된 부분은 경기 침체를 의미한다.
출처 : SCCM

1973년 1월 시장이 정점에 달한 뒤 1973년 6월까지 10%의 조정이 있었다. 이후 1974년 초에 급격히 회복돼 이 조정기는 또 다른 매수 기회처럼 보였다. 그러나 다음 조정은 약세장을 굳혔고, 기관들은 점차 출구 전략을 세우기 시작했다. 1974년 중반, 본격적인 공황이 시작되며 니프티50 버블은 결국 역사 속으로 사라졌다.

저점에서의 급등은 매우 극적으로 전개됐지만, 바닥을 형성하기까지는 5개월이 걸렸다.

1981~83년 경기 침체

1974~75년 심각한 침체 이후 시장은 자신감을 회복하기까지 어느 정도 시간이 걸렸다. 기업의 실적은 회복했지만, 주식에 대한 열기는 아주 천천히 되살아났다.

이렇게 주식을 향한 관심이 줄어들자 부동산, 예술품, 금 같은 대체 투자가 인기를 끌었다. 대체 투자는 인플레이션 상승에 대한 헤지hedge[28] 역할을 하는 듯했다. 주식시장에서의 밸류에이션은 합리적이었지만, 폴 볼커 연준 의장은 금리를 20%까지 끌어올려 더블딥 침체를 초래했다.

---

28 가격변동의 위험을 선물의 가격변동에 의해 상쇄하는 현물거래.

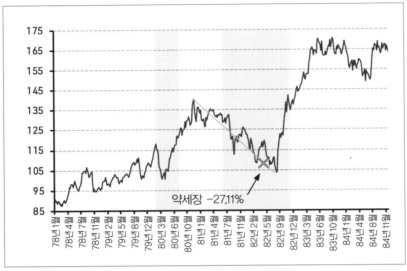

1981~1983년 경기 침체 (S&P500)

약세장 −27.11%

✕ : 약세장(−20%)은 1982년 5월 29일 공식화됐다.
음영으로 처리된 부분은 경기 침체를 의미한다.
출처 : SCCM

　　금리 인상에 대한 반응으로 시장은 매도세를 보였고, 은행업계는 부동산 연계 기업에 실행해준 대출로 압박받았다. 당시 미국 7위의 상업은행 콘티넨탈 일리노이조차 파산하고 말았다. 그러나 밸류에이션이 역대 최저 수준이었기에 하늘 높은 금리에도 불구하고 시장은 극적으로 회복됐다.

1987년 경기 침체

1980년대 초 밸류에이션이 아주 매력적인 수준이었던 덕분에 투자자들은 1982년 저점 이후 서서히 시장으로 돌아오기 시작했다. 시장이 자신감을 회복하고 투기 거래가 극적으로 늘면서 '과열 시장'이라는 말까지 생겨났다. 이것은 최소 10%의 조정도 없이 상승하기만 하는 시장을 묘사한다.

그럼에도 니프티50의 붕괴를 기억하는 기관투자자들은 시장의 투

1987년 경기 침체 (S&P500)

✕ : 약세장(−20%)은 1987년 10월 17일 공식화됐다.
경기 침체는 없었다.
출처 : SCCM

기 열기를 우려했다. 그래서 이런 기관투자자를 대상으로 하락장을 방어할 수 있는 컴퓨터 알고리즘인 '포트폴리오 보험'이 판매되기 시작했다.

하지만 포트폴리오 보험은 효과가 없었다. 주식은 하루 만에 25% 폭락했고, 매물이 쏟아지며 종잇장이 되었다. 이것이 바로 블랙먼데이 Black Monday로 주식시장 역사상 하루 만에 가장 큰 낙폭을 기록한 날이었다. 그러나 경기 침체는 뒤따르지 않았고, V자형 회복이 이어졌다.

1990~91년 경기 침체

1987년 단 하루 만에 심각한 붕괴를 겪고 나자 이런저런 추측은 거의 사라졌다. 그래서 1990년 경기 둔화로 침체가 시작됐을 때도 약세장은 오지 않았다.

1990~91년 경기 침체는 1970년대 초반 약세장 이후 크게 성장한 부동산 시장에 대한 반응이었다. 투자자들은 주식 대신 부동산을 사들였다. 투기꾼에 의해 가격이 부풀려진 부동산 시장은 주요 은행 위기를 초래했다.

이 부분은 앞서 1장에서 주식시장 100년의 역사를 검토하며 이야기한 바 있다. 1930년 대공황 때보다 더 많은 은행이 파산했다.

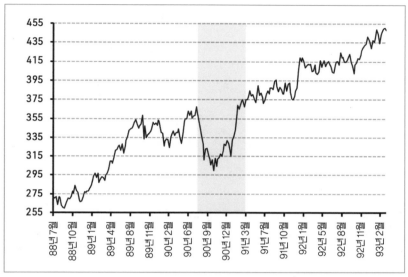

1990~91년 경기 침체 (S&P500)

약세장은 없었다. 음영으로 처리된 부분은 경기 침체를 의미한다.

출처 : SCCM

　투기꾼들이 주식시장에 관심이 없었던 덕에 경기 침체가 약세장으로까지 이어지진 않았다. 시장은 1990년 말에 19% 하락했고, 저점에서 크게 반등했다.

2001년 경기 침체

　1990년 최저치로부터 10년간의 상승은 시장 역사상 가장 강력한 10년이었다. 이 기간에 투자자들은 기술에 완벽히 매료되었고, '하락

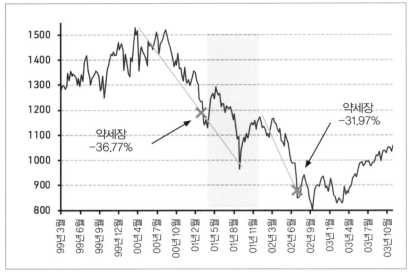

2001년 경기 침체 (S&P500)

약세장
−36.77%

약세장
−31.97%

✗ : 약세장(−20%)은 2001년 2월 12일 공식화됐다.
✗ : 약세장(−20%)은 2002년 7월 10일 공식화됐다.
음영으로 처리된 부분은 경기 침체를 의미한다.
출처 : SCCM

시 매수'는 다시 월스트리트의 불문율이 되었다.

2000년 4월에 정점을 찍고 난 뒤 2001년 4월까지는 공식적인 약세
장이었다. 같은 달 경기 침체도 시작되었다. 몇 달 뒤 9.11테러의 충격
으로 약세장과 경기 침체로부터의 회복세는 자취를 감췄다.

2001년 11월, 공식적인 경기 침체는 끝났지만, 트윈타워Twin Towers
붕괴는 시장에 큰 충격을 주었다.

결국 이례적으로 약세장이 재개되었다. 연이은 약세장은 기술주 버
블을 날려버렸다. 기술주 중심의 나스닥은 이후 10년간 80% 하락했다.

2008~09년 경기 침체

2000~03년 상황은 그리 나쁘지 않았지만, 2007년 시작된 금융위기는 1929년 이후 가장 심각한 약세장을 촉발했다. 시장은 65% 하락했다.

2007년 6월, 시장이 정점에 달한 뒤 9월은 고점 테스트 기간이었다. 이후 2008년까지 저점에서의 매수 기간이 지속했다.

2008년 6월, 공식적인 경기 침체는 여전히 선포되지 않았다. 하지

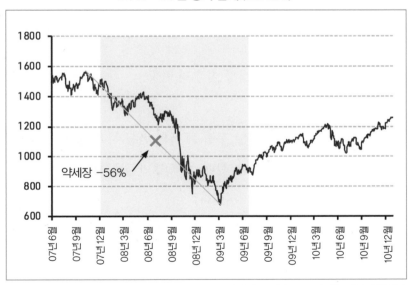

2007~09년 경기 침체 (S&P500)

✖ : 약세장(-20%)은 2008년 7월 15일 공식화됐다.
음영으로 처리된 부분은 경기 침체를 의미한다.
출처 : SCCM

만 각종 기관 관련 소식은 암울했고, 시장은 힘겹게 유지됐다.

2008년 10월에서 2009년 2월 사이, 시장은 새로운 저점을 기록하는 것처럼 보였고 금융 시스템의 붕괴 가능성에 대한 두려움 탓에 주식은 계속해서 하락했다.

이 공포는 금융 시스템 붕괴의 파급효과가 경제 전반으로 영향을 미칠 수 있다는 '도미노 효과'에 대한 우려로 이어졌다. 정부가 은행을 구제하며 시장은 살아났지만, 대중은 그 처리 방식에 불만을 표했다. 정부로부터 도움의 손길을 받은 건 대형기관에 국한됐을 뿐, 평범한 시민들은 아무 도움도 받지 못했다. 상승에 잇달아 실패하며 저점을 예측하기도 무척 어려운 시기였다.

약세장 이후의 반등

앞서 우리는, 약세장이 끝날 무렵 큰 폭의 반등 시 투자자들의 시장 부재 현상에 대해 살펴보았다. 이때 큰 폭의 반등을 놓치면 장기 가치 투자의 이점도 완전히 사라져버린다.

다음 표는 약세장 이후 반등(9.11테러 당시는 제외)이 얼마나 강력한지 보여준다.

약세장 종료	이후 12개월 (S&P500)
1949년 6월 13일	42.07%
1957년 10월 22일	31.02%
1962년 6월 26일	32.66%
1966년 10월 7일	33.06%
1970년 5월 26일	43.73%
1974년 10월 3일	37.96%
1982년 8월 12일	59.40%
1987년 12월 4일	22.40%
2001년 9월 21일	−12.50%*
2002년 7월 23일	17.94%
2009년 3월 9일	68.57%

출처 : SCCM

* 9.11 테러 당시는 제외.

key point

약세장과 경기 침체가 어떻게 형성되고 전개되는지, 이후의 급격한 반등이 어떻게 뒤따르는지 등 이번 장의 내용을 읽고 난 후, 8장 '장기적인 가치투자' 부분을 다시 한 번 읽어보길 권한다.

이 내용은 5년 단위로 투자하며 가격 원칙만 유지한다면, 주식시장의 모든 광기에도 불구하고 효과적인 투자를 할 수 있다는 점을 일깨워준다. 그러면 장기 가치투자에 더욱 자신감이 생길 것이다.

29장

장기 약세장

장기 투자자에게 한 가지 좋은 소식은, 주식시장은 대개 약 75% 상승하고 25% 하락하며, 하락장에서는 회복 속도가 매우 빠르다는 것이다.

그러나 시장이 장기간에 걸쳐 보합세나 마이너스를 지속할 때가 있는데, 이 기간을 장기 약세장이라고 한다.

내가 월스트리트에서 있는 동안, 이 같은 장기 약세장은 두 번 있었다. 가장 최근에 경험한 시기가 2000~10년 '죽음의 10년'이었다.

22장에서 고배당 전략을 다루며 살펴본 바 있다. 이 10년 동안 기술주 버블 붕괴, 9.11테러, 금융위기 등으로 시장은 10% 하락했지만, 고배당 전략은 100% 이상 상승했다. 매력적인 밸류에이션과 수익 및 배당 상승 덕분이었다.

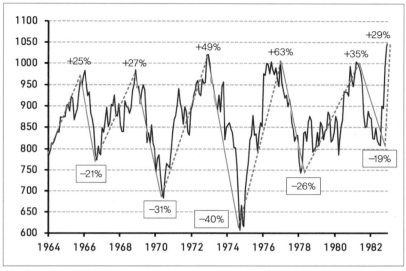

다우존스 산업평균지수 (1964~82년)

출처 : 블룸버그, SCCM 리서치

이보다 앞서 장기 약세장을 경험한 건 1968~82년이었다. 이 부분은 1장 '주식시장 100년의 역사'에서 다루었다. 위의 도표는 이 시기를 나타낸다. 시장은 보합세였으나, 700에서 1000 사이를 오가며 변동폭은 매우 컸음을 알 수 있다.

시간이 지날수록 주식이 오르는 이유는 시간이 지날수록 수익과 배당금이 오르기 때문이다. 그렇다면 18년의 장기 약세장 동안 수익이 어떻게 변화했는지 궁금할 것이다.

약세장 동안 실제 수익은 3배 늘었지만, 니프티50 열풍으로 다우지수 주가수익률이 너무 부풀려지면서 다우지수는 보합세를 유지했다. 다만, 같은 기간 주가수익률(가치주) 기준 하위 20% 종목은 보합이 아닌 1,000% 이상 상승을 기록했다.

요컨대, 장기 약세장은 대중의 관심을 많이 받는 경향이 있지만, 성공적인 주식 투자의 핵심은 밸류에이션과 수익, 배당성장에 초점을 맞추고 그 흐름을 유지하는 것이다.

30장

과열 시장

장기적으로는 가치주가 이긴다

월스트리트는 S&P500 지수가 200일 동안 조정 없이 상승하는 시장을 '과열 시장'으로 정의했다.

조정은 10% 이상의 시장 하락으로 정의된다.

과열 시기는 대부분 투자자가 현금을 보유한 시기인 경기 침체나 약세장 이후 시작된다. 이때 매력적인 밸류에이션에 주목하며 하나둘 주식시장으로 돌아온다.

그러나 주가가 꾸준히 오르면, 투자자들은 밸류에이션을 무시한 채 트렌드를 쫓는다. 이것은 투기 거품을 촉발해 극적인 매도세로 이어진다. 특히 과열을 촉발한 부풀려진 주식은 매도세의 주요 대상이 된다.

지난 80년 동안 우리가 얼마나 많은 과열 시장을 경험했는지 믿기 어려울 정도다. 과열 시장에서는 주가수익률이 높은 성장주를 선호하므로 가치주가 장기적으로는 성장주를 능가한다는 사실이 잘 받아들여지지 않는다.

다음 표는 지난 80년간 발생한 과열 시장을 시간순으로 나열한 것이다.

그리고, 다음은 각 시기에 대한 짧은 평가다.

10% 조정 없이 500일 이상 지속된 시기

기간	지속 일수
1990–1997	1,767일
2003–2007	1,154일
2011–2015	913일
1962–1966	830일
1984–1987	780일
1950–1953	681일
1943–1945	639일
1953–1955	510일

출처 : 쉐퍼 쿨렌, 2013년

1990~97년

시장 역사상 가장 큰 규모의 과열 시기다.

우리는 기술주가 어떻게 새로운 시대, 새로운 패러다임을 이끌 것으로 예견됐는지 살펴봤다. 그러나 그 열기는 결국 수많은 사람을 곤경에 처하게 했다. 궁극적인 조정 역시 극적으로 전개됐다.

2003~07년

이 시기는 기술주 붕괴 및 세계무역센터World Trade Center 붕괴 이후 전개됐다. 이들 두 사건으로 대부분 투자자는 시장을 떠났다.

덕분에 회복세가 시작될 무렵에는 매도세가 거의 없었고, 시장은 단한 번의 조정 없이 무려 1,154일 동안 상승했다.

2011~15년

이 시기의 시장 과열은 2008~09년 금융위기 이후 발생했다. 금융위기 당시 은행 산업은 붕괴 직전이었고, 전 세계는 금융 공황 상태까지 이어진, 의도치 않은 결과에 몹시 우려했다.

주요 은행의 몰락을 점치는 무시무시한 머리기사에 압도된 수많은 투자자가 결국 또 시장을 떠났다. 몇몇 주요 은행이 대부분 투자자의 자산을 보유하고 있었기 때문에 이런 예상은 특히 더 우려스러웠다.

하지만 논란의 중심에 있던 금융 및 자동차 산업에 대한 구제금융 이후 시장에 대한 신뢰가 회복됐고, 다시금 폭발적인 상승세가 이어졌다.

1962~66년

당시를 기준으로, 가장 큰 규모의 과열 시장이었다.

1940년대 이후 주식시장은 오랜 기간 꾸준히 회복하면서 서서히 발전했고, 시장 과열은 이에 대한 열정이 축적된 결과였다.

1984~87년

내가 기억하기로, 이 시기에 언론에서 '과열 시장'이라는 단어를 처음 사용했다. 1980년대 초 더블딥 불황을 벗어나며 매우 저렴했던 주식은 연일 상승했다. 1970년대를 기억하는 기관들은 포트폴리오 보험으로 시장 하락에 대비했다. 그러나 보험은 효과가 없었고, 과열 시장도 그 무렵 끝이 났다.

1950~53, 1943~45, 1953~55년

이 모든 과열 시기는 당시에도 상당히 극적인 것으로 여겨졌지만, 투자자들은 여전히 1930년대 경험을 떠올리며 불안해했다. 그래서 과도한 낙관주의는 형성되지 않았다. 경기 둔화의 징후가 포착되며 과열 시장도 끝이 났다.

장기 가치주가 승리하는 이유

가치주가 성장주를 능가하는 이유는 무엇일까?

5년 단위로 실적을 살펴보면, 성장주가 잘 나가는 과열 시장에서는 성장주와 가치주 간 실적 차이가 크지 않다. 하지만 가치주가 성장주를 능가하는 다른 모든 기간에서는 실적 차이가 매우 크게 벌어진다. 이 결과는 5장 '가치주 vs. 성장주'를 참고하길 바란다.

31장

투기가 주식 버블로 발전

앞 장에서 우리는 과열 시장이 어떻게 극단적인 투기로 이어질 수 있는지 알아보았다. 이러한 투기는 주식 버블로 발전할 수 있다.

미국 버블에 관해서는 책의 앞부분에서 논의한 바 있다. 이번 장에서는 미국 3대 버블 간 유사점을 중심으로 살펴보자.

버블에는 긴 역사가 있다. 미국 버블을 다루기 전에 1990년 일본 버블을 포함해 역사상 가장 대표적인 두 건의 버블 사례를 먼저 알아보자.

튤립 마니아

네덜란드 튤립은 오스만 제국에서 처음 들여왔다. 튤립에 대한 열기가 고조되며 가격이 오르기 시작했다. 이후 투기꾼들이 매수하며 가격

17세기 네덜란드의 튤립 마니아

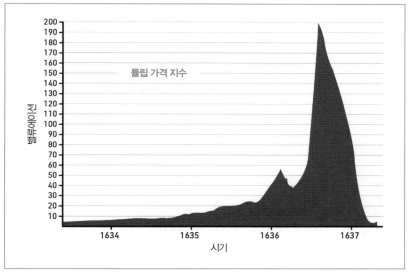

은 급격히 올랐다. 이것을 튤립 마니아(Tulip Mania, 1634~37년)라고
한다.

결국, 네덜란드 모든 사회계층이 튤립 뿌리 투기에 연루됐고, 수많
은 사람이 값나가는 재산을 튤립 뿌리 하나와 맞바꾸는 상황에까지 이
르렀다. 물가는 천정부지로 치솟았고, 네덜란드는 이후 수년간 불황이
지속됐다.

남해 버블

남해 버블(The South Sea Bubble, 1716~20년)은 남해기업^{South Sea}

Company의 주식에서 비롯된 사건이다. 남해기업은 영국 정부로부터 남

아메리카를 포함한 남해 전역에서 무역업을 하도록 특별 권한을 부여

받은 국제 무역회사였다.

남해기업 임원들은 투자자들을 현혹하고 회사의 상업적 가치를 과

장해 주가 폭등을 촉발했다. 그러나 각종 허위 사실이 밝혀지자 주가

는 폭락했다. 이는 다음 도표에 나타나 있다.

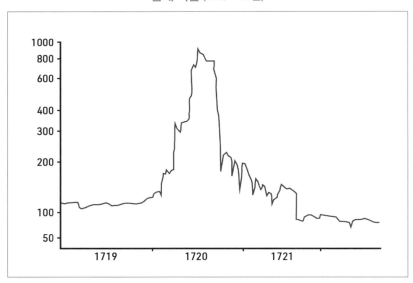

남해 기업 (1719~22년)

출처 : 위키피디아

한 가지 흥미로운 사실은, 남해 버블 피해자 가운데 아이작 뉴턴^{Isaac} ^{Newton}도 포함돼 있었다는 점이다. 그는 모든 것을 잃고 난 뒤 이렇게 말했다.

"나는 별의 움직임을 충분히 계산할 수 있다.
하지만, 인간의 광기는 도저히 계산할 수 없다."

일본 버블

1980년대 일본 경제는 전 세계에서 가장 막강했고, 소니^{Sony}와 캐논^{Canon} 같은 기술 기업은 세계 무역을 지배했다. 이를 일본 버블^{Japanese} ^{Bubble}이라고 한다.

1980년대 후반, 전 세계 주요 도시에는 고급 일식집이 들어섰고, 최고급 호텔은 일본인 사업가로 붐볐다. 이는 일본의 성공을 여실히 입증했다. 일본 투자자들은 미국 부동산의 큰손 매수자이기도 했다. 이때 일본인이 사들인 부동산은 록펠러 센터와 페블비치 골프장이 대표적이다.

그러나 닛케이 지수^{Nikkei Index}의 주가수익률이 100배 수익으로 정점을 찍은 후 하락이 시작됐다.

다음 도표에서 나타나듯, 닛케이 지수는 이후 10년간 안정적인 상

닛케이225 지수 (1988~2006년)

닛케이225 지수,
최고점 대비 대폭 하락

출처 : 야후 파이낸스

승세를 보였음에도 여전히 1990년 최고치보다는 65% 하락한 수준이
었다.

미국 3대 버블

　미국의 3대 버블US Bubble에 관해 살펴보았다. 1920년대 '광란의 시
대' 여파로 인한 버블, 니프티50으로 인한 버블 그리고 테크 버블이 그

것이다.

이 모든 버블은 이런저런 이유로 처음에는 거의 관심을 못 받던 시기가 있었다는 공통점이 있다. 그러다 점차 돈이 시장으로 흘러들어가며 가격과 밸류에이션이 상승했고, 과열 시장이 조성되었다. 이후 과대평가로 인한 버블이 발생했고, 시장 붕괴가 뒤따랐다.

각 시기는 투자의 새로운 시대로 여겨졌고, 실제로도 그랬다. 하지만 모든 기업이 버블의 혜택을 받았듯, 이들은 똑같이 주가가 수익을 훨씬 앞지른 시장의 희생양이 되었다.

3가지 버블의 또 다른 공통점은, 주가가 오랜 기간 하락했음에도 버블과 관련된 회사의 수익은 계속해서 증가했다는 것이다.

다음 표에서 알 수 있듯, 주가가 밸류에이션 기준으로 적정한 지점에 이르기까지는 오랜 시간이 걸렸다. 도표에서 제시된 각 사례에서 나타나듯, 최고점을 기록하고 10년 후에도 주가는 여전히 마이너스 수익률을 기록하고 있다.

흥미롭게도 이들 주식은 모두 가치투자자에게 매력적인 종목임이 결과적으로 입증됐다.

주요 시기	최고 종목	정점에서의 주가수익률 배수	5년 후 수익률	10년 후 수익률
20년대 여파				
	RCA	73.0x	−99%	−83%
니프티50 버블				
	에이본 프로덕트	63.0x	−58%	−66%
	제록스	254.1x	−70%	−83%
	폴라로이드	26.9x	−79%	−87%
	이스트만 코닥	24x	−66%	−42%
테크 버블				
	시스코	230.4x	−78%	−67%
	인텔	50.8x	−66%	−76%
	마이크로소프트	79.9x	−55%	−48%
	오라클	60.0x	−71%	−41%

출처 : 블룸버그, 2017년 12월

32장

더 이상 경기 침체는 없다?

요즘 투자자들은 이런 의문이 생긴다.

"코로나19 팬데믹 같은 특별한 사건이 없다면,
경제는 불황 없이 얼마나 잘 버틸 수 있을까?"

미국과 전 세계 정부가 경제 유지를 위해 할 수 있는 모든 것을 하고 있는 상황에서 일부 투자자는, 국내에서든 전 세계적으로든 경기 침체는 사전에 방지할 수 있다고 결론지었다.

일부 자유주의 경제학자들은 현대통화이론Modern Monetary Theory, MMT 이라는 새로운 경제 이론을 내세운다. 돈만 찍어내면 모든 문제를 해결할 수 있다는 개념이다.

이 이론이 주식시장에서 어떻게 전개되는지 지켜보는 건 매우 흥미로울 것이다. 그러나 투자자에게 더 중요한 것은, 주식시장이 경제를 무시한 채 자체적인 경로를 따랐던 호주의 사례다.

지난 75년 동안 미국에서는 12차례의 경기 침체가 있었고, 침체 사이의 기간이 가장 긴 기간은 약 8년이었다. 따라서 호주가 25년 동안 단 한 번도 경기 침체를 겪지 않았다는 건 얼핏 충격적이다. 말도 안 되는 일처럼 보이지만, 사실 이것은 중국의 경이로운 상장과 호주 상품에 대한 중국의 수요로 설명된다.

이 같은 상황에서 호주 GDP는 25년간 꾸준히 증가했다. 그러나 주식시장은 전혀 다른 모습이었다. 다음 도표에서 호주 경제와 주식시장 현황을 살펴보자.

여기서 나타나듯, 호주는 몇 차례 조정장을 겪었는데, 대부분 같은 기간 미국의 조정보다 훨씬 심각한 수준이었다. 20% 이상 하락한 것이 다섯 차례, 한 번은 50% 이상 하락했다.

이때 주목해야 할 점은 경기 침체와 상관없이 시장은 밸류에이션을 조정한다는 것이다. 현대 통화이론을 비롯해 새로 만들어진 정책은 이 점을 기억해야 한다.

호주 - 경기 침체와 약세장

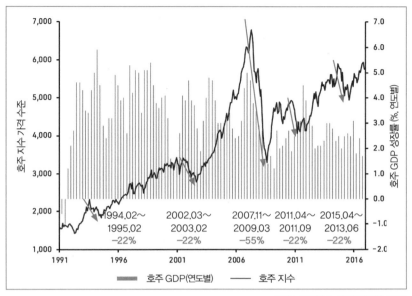

출처 : 블룸버그, 2016년 6월 30일

key point

호주의 사례를 통해 우리는 경제를 이용해 시장의 타이밍을
맞추려 해서는 안 된다는 것을 알 수 있다.

33장

정부, 기업, 개인의 부채

정부와 기업, 그리고 개인

경제학자들은 핵심 3곳인 정부와 기업 그리고 개인에 대한 부채를 주의깊게 관찰한다.

월스트리트 역시 이들의 부채 수준을 추적하지만, 이것을 주식시장의 핵심 요소로 간주하진 않는다. 그러나 부채가 주식시장의 핵심 요소가 되면 레버리지가 많은 주체는 전멸할 수밖에 없다.

《부채 : 첫 5000년의 역사》는 부채를 주제로 한 500쪽 분량의 책이다. 과도한 부채는 이를 남용하는 사람을 곤경에 빠트려 파괴적인 결과를 가져온다는 게 이 책의 결론이다. 그러면서 정부, 기업, 개인의 부채 남용 사례를 제시한다.

때로 월스트리트의 전략가들은 과도한 부채의 위험성을 지적하며 투자자들을 놀라게 한다. 이런 지적은 언론의 관심을 받지만, 고품질 가치주에서는 대개 부채가 문제되지는 않는다.

지금부터는 정부, 기업, 개인의 부채에 대해 살펴보자.

정부의 부채

최근의 역사를 보면, 시장은 주기적으로 부채 상한선 인상 문제에 직면했다. 정부 부채가 기록적으로 높은 수준에서는, 특히 그것이 정치적으로 뜨겁게 논란이 되면 상한선 문제는 많은 역할을 하게 된다.

다음 도표에서 나타나듯, GDP 대비 연방 부채는 2008년 이후 급격히 증가했다. 역사적으로 연방 부채가 GDP의 100%를 넘어서면 이는 국가에 대한 경고 신호였고, 미국은 그 수준에 도달했다.

그러나 장기적인 관점에서 보면, GDP 대비 정부 부채가 가장 높았던 때는 1945년이었다. 그때 주식을 샀다면 지난 100년 동안 최고의 매수 기회 중 하나였다. 따라서 부채 증가에 과민 반응하는 것은 별 도움이 되지 않는다.

더 중요한 것은, 한 국가가 이런 높은 수준의 부채에서 벗어날 수 있는 능력이 있느냐는 것이다. 1945년 이후 전개된 상황처럼 말이다.

미국은 항상 부채를 통제했다. 하지만, 기타 약소국은 채무불이행

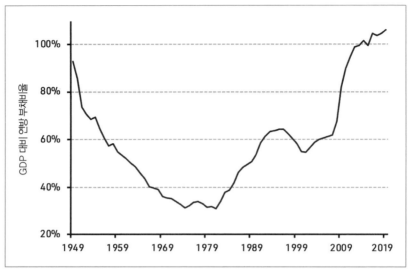

GDP 대비 연방 부채비율

출처 : 연방준비제도이사회

상태가 되곤 했다. 다행히 살아남았어도 투자자에게 그리 좋은 조건은 아니다. 지난 30년간 일곱 차례나 채무불이행 사태를 겪은 아르헨티나가 대표적이다.

기업의 부채

지난 30년간의 기록을 보면, 기업 부채는 용인할 수 없는 연체율에 이를 때까지 계속 쌓인다.

이 부분은 주시할 필요가 있다. 연체율 증가는 보통 부채 확대로 이어지기 때문이다.

1960년대 대기업은 과도한 부채에 시달린 대표적인 기업 사례다.

개인의 부채

미국 경제의 75%는 소비자 주도로 이루어지므로 개인의 부채 통계는 중요하다.

2009년 금융위기 이후 학자금 대출은 개인 부채 중 가장 빠른 속도로 증가하고 있으며, 주택담보대출과 자동차 대출이 그 뒤를 잇는다. 한편, 주택담보대출 한도와 신용카드 부채는 증가 속도가 줄고 있다.

다음 도표는 GDP 대비 미국의 국내 부채비율을 보여준다. 2009년 금융위기 이후 GDP 대비 부채비율은 다소 개선됐음을 알 수 있다.

이와 함께 소비자 부채가 131 이상일 때 전반적인 경제 성장 속도는 느린 것으로 나타났다. 반대로 소비자 부채가 101 이하일 때는 경제 성장 속도가 훨씬 빨랐다.

도표 아래 표가 보여주듯, GDP 대비 부채비율이 101 이하일 때가 131 이상일 때보다 GDP 성장률이 거의 두 배에 달했다(+7.73 vs. +3.93).

과도한 개인 부채는, 특히 소비자 신뢰가 하락하는 경우 기업 실적과 시장 전체에 지장을 줄 수 있다. 핵심은, 시장 조정 국면에서는 부채 비중을 늘린 가구가 가장 큰 영향을 받는다.

과도한 개인 부채가 문제된 경우는 1970년대 신용계좌 남용 사례가 대표적이다(1장 '주식시장 100년의 역사' 참조). 시장이 붕괴하자 모든 신용계좌도 전멸했다.

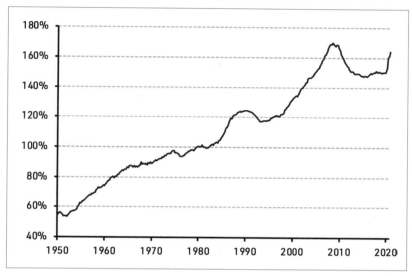

GDP 대비 민간 국내 비금융 부채비율

출처 : 네드 데이비스 리서치, 2018년

연간 GDP 성장률

GDP 대비 부채비율	연간 성장률 (%)	해당하는 시기 (%)
131% 이상	3.93	27.51
101%와 131% 사이	5.96	23.79
101% 이하	7.73	48.70

34장

최고에서 최악을 넘나들다

다음에 나올 도표는 마치 할머니가 만든 퀼트(Quilt, 누비이불)처럼 보일지도 모른다. 하지만 이 퀼트는 모든 주요 금융자산의 연간 성과를 보여준다. 이 자산에는 미국의 성장주와 가치주를 비롯해 채권, 소형주, 국제주, 신흥시장주 등이 포함된다.

다음 퀼트는 각종 자산이 최고에서 최악을 넘나들며 매우 불규칙한 방식으로 흔들리는 상태를 나타낸다. 이런 현상은 연 단위로 주식시장을 예측하는 것이 왜 그토록 어려운지 보여준다.

퀼트에서 나타나듯, 실제로 국제주 및 신흥시장주는 2003~09년 최고의 실적을 기록했다. 그러나 이후 2013~18년에는 최악의 실적을 기록했다.

이 도표는 각 부문 실적의 변동성을 보여준다. 가치주는 전반적으로 견고한 실적을 나타냈지만, 해마다 최고나 최악의 실적을 기록하진 않았다. 이는 증권업계와 금융언론이 가치주를 제외한 다른 대상에 열광하면서 가치주가 혜택받지 못했음을 의미한다.

1997	1998	1999	2000	2001	2002	2003	2004	2005	2006	2007	2008
미국 성장주 +36.52%	미국 성장주 +42.16%	신흥 시장주 +66.84%	채권 +11.63%	채권 +8.43%	채권 +10.26%	신흥 시장주 +55.82%	신흥 시장주 +25.55%	신흥 시장주 +34.00%	신흥 시장주 +32.17%	신흥 시장주 +39.38%	채권 +5.24%
미국 가치주 +29.98%	국제주 +20.00%	미국 성장주 +28.24%	미국 가치주 +6.08%	소형주 +2.49%	신흥 시장주 -6.16%	소형주 +47.25%	국제주 +20.25%	국제주 +13.54%	국제주 +26.34%	국제주 +11.17%	소형주 -33.79%
소형주 +22.36%	미국 가치주 +14.68%	국제주 +26.96%	소형주 -3.02%	신흥 시장주 -2.61%	국제주 -15.94%	국제주 +38.59%	소형주 +18.33%	미국 가치주 +5.82%	미국 가치주 +20.81%	미국 성장주 +9.13%	미국 성장주 -34.92%
채권 +9.64%	채권 +8.67%	소형주 +21.26%	국제주 -14.17%	미국 가치주 -11.71%	소형주 -20.48%	미국 가치주 +31.79%	미국 가치주 +15.71%	소형주 +4.55%	소형주 +18.37%	채권 +6.97%	미국 가치주 -39.22%
국제주 +1.78%	소형주 -2.55%	미국 가치주 +12.73%	미국 성장주 -22.08%	미국 성장주 -12.73%	미국 가치주 -20.85%	미국 성장주 +25.66%	미국 성장주 +6.13%	미국 성장주 +4.00%	미국 성장주 +11.01%	미국 가치주 +1.99%	국제주 -43.38%
신흥 시장주 -11.59%	신흥 시장주 -25.34%	채권 -0.83%	신흥 시장주 -30.71%	국제주 -21.44%	미국 성장주 -23.59%	채권 +4.10%	채권 +4.34%	채권 +2.43%	채권 +4.33%	소형주 -1.57%	신흥 시장주 -53.33%

2009	2010	2011	2012	2013	2014	2015	2016	2017	2018	2019	2020
신흥시장주 +78.51%	소형주 +26.85%	채권 +7.84%	신흥시장주 +18.23%	소형주 +38.82%	미국성장주 +14.89%	미국성장주 +5.52%	소형주 +21.31%	신흥시장주 +37.28%	채권 +0.01%	미국가치주 +31.92%	미국성장주 +33.35%
국제주 +31.78%	신흥시장주 +18.88%	미국성장주 +4.65%	미국가치주 +17.68%	미국성장주 +32.75%	미국가치주 +12.36%	채권 +0.55%	미국가치주 +17.40%	미국성장주 +27.44%	미국성장주 -0.01%	미국성장주 +31.13%	소형주 +19.93%
미국성장주 +31.57%	미국가치주 +15.10%	미국가치주 -0.48%	국제주 +17.32%	미국가치주 +31.99%	채권 +5.97%	국제주 -0.81%	신흥시장주 +11.19%	국제주 +25.03%	미국가치주 -8.97%	소형주 +25.49%	신흥시장주 +18.25%
소형주 +27.17%	미국성장주 +15.05%	소형주 -4.18%	소형주 +16.35%	국제주	소형주 +4.89%	미국가치주 -3.13%	미국성장주 +6.89%	미국가치주 +15.36%	소형주 -11.03%	국제주 +22.01%	국제주 +7.79%
미국가치주 +21.17%	국제주 +7.75%	국제주 -12.14%	미국성장주 +14.61%	채권 -2.02%	신흥시장주 -2.19%	소형주 -4.41%	채권 +2.65%	소형주 +14.65%	국제주 -13.79%	신흥시장주 +18.42%	채권 +7.49%
채권 +5.93%	채권 +6.54%	신흥시장주 -18.42%	채권 +4.21%	신흥시장주 -2.60%	국제주 -4.90%	신흥시장주 -14.92%	국제주 +1.00%	채권 +3.54%	신흥시장주 -14.57%	채권 +8.72%	미국가치주 +1.34%

* 출처 : 블룸버그, SCCM
* 연도별로 위에서 아래로, 실적 순으로 나열됨.

35장

소비자 신뢰

소비자신뢰지수는 1960년대부터 컨퍼런스보드^{Conference Board, CB}가 조사해왔다. 미국 경제의 75%는 소비자 주도로 이루어지므로 이 지수는 관찰할 가치가 있다.

경기가 좋을 때는 소비자신뢰지수가 긍정적이고, 오랫동안 이 상태를 유지할 가능성이 크다. 시장의 고려 요인도 아니다. 하지만 소비자신뢰지수가 60% 아래로 떨어지면 이 수준은 대개 주요 저점과 일치한다.

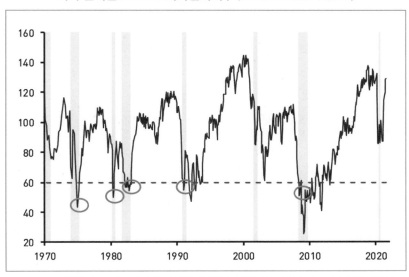

미국 컨퍼런스보드 소비자신뢰지수 (1985년 100을 기준으로)

위의 도표는 1965~2020년 소비자신뢰지수를 보여준다. 이를 통해 소비자 신뢰 하락이 경기 침체 및 주식시장 저점과 어떻게 일치하는지 알 수 있다.

소비자신뢰지수 60% 이하	1년 후 S&P500 지수
1974년 11월	+45%
1980년 5월	+35%
1982년 5월	+45%
1990년 10월	+30%
2008년 11월	+35%

위의 표는 소비자신뢰지수가 60% 아래로 떨어지고 나서 1년 후 시장 실적을 나타낸다.

소비자신뢰지수가 그 정도로 떨어지면 언론보도는 대개 소매업자들이 파산하고 쇼핑객이 줄었다는 소식과 함께 극도로 부정적인 기사로 도배된다.

이처럼 부정적인 머리기사가 줄을 잇지만, 이런 시기는 결코 구제금융이 필요한 때가 아니라는 것이 그간의 실적으로 입증됐다.

위의 표에서 알 수 있듯이 소비자신뢰지수 급감 1년 후 S&P500 지수는 훨씬 더 높게 나타났다. 소비자신뢰지수의 하락은 주요 매수 기회인 셈이다.

36장

금리 급등

벤저민 그레이엄은 성공적인 투자를 위한 두 가지 원칙, 즉 가격 원칙을 지키고 장기적으로 투자할 것을 제시했다. 이 전략만 잘 따르면 다른 모든 것은 무시해도 된다고 말했다.

처음에는 이 사실이 믿어지지 않을 수 있다. 큰 폭의 금리 인상 같은 환경을 어떻게 무시할 수 있단 말인가?

실제로 1970년대에는 금리가 4%에서 16%로 단기간에 급등했다.

하지만 결국 그레이엄의 주장이 옳았다. 낮은 주가수익률이나 고배당처럼 가치 원칙만 고수했다면, 여러분은 다음 도표에 요약된 것처럼 좋은 실적을 거뒀을 것이다.

금리 인하 및 인상 기간의 S&P500, 가치주, 고배당주 실적 (1967~2003년)

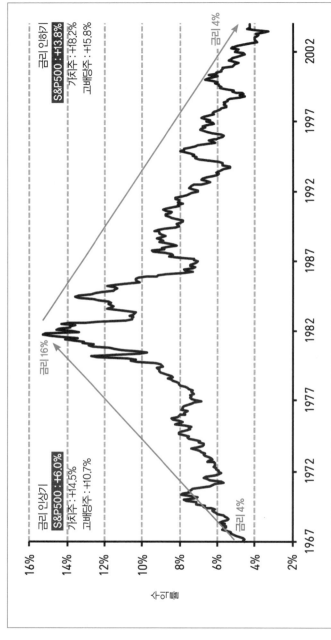

가치주 = 주가수익률 기준 S&P500 하위 20% / 고배당주 = 배당금 기준 S&P500 상위 20%

금리 연구

1967년부터 2003년까지 36년 동안 금리는 4~16%로 올랐다가 다시 4%로 내렸다. 이때 주목할 만한 점은, 금리 인상기에는 주가수익률이 낮은 가치주(+14.5%), 고배당주(+10.7%)가 S&P500 지수(+6.0%)를 크게 앞질렀다는 것이다.

금리 인하기에는 금리 인상기보다 전반적으로 나은 실적을 보였다(+13.8% vs. +6.0%). 이처럼 가치 원칙은 금리 인하기에도 긍정적인 성과를 냈지만, 금리 인상기 실적에는 감히 견줄 수가 없었다.

1971~91년 사례 연구

다음 표는 이전 도표에서 가장 극적인 결과를 보인 1971~91년까지 20년 기간을 5년 단위로 분석한다. 해당 결과는 장기 분석 결과와 유사한 모습을 보인다.

이에 따라 연구 기간을 5년 단위로 나눠 배당금 기준 상위 20% 종목과 주가수익률 기준 하위 20% 종목을 비교한다. 거의 모든 구간에서 가치주의 실적이 더 높았음을 알 수 있다.

금리 인상기 및 인하기 동안 5년 단위로 배당금 기준 상위 20% 종목과 주가수익률 기준 하위 20% 종목 비교표(1971~91년)

5년 기간	배당금 기준 상위 20%	주가수익률 기준 하위 20%	5년 기간	배당금 기준 상위 20%	주가수익률 기준 하위 20%
1971-1975	6.67%	7.59%	1981-1985	25.12%	24.79%
1972-1976	12.12%	14.06%	1982-1986	25.28%	27.74%
1973-1977	10.83%	14.18%	1983-1987	18.36%	20.06%
1974-1978	14.90%	21.06%	1984-1988	15.97%	20.04%
1975-1979	24.64%	30.73%	1985-1989	18.65%	21.16%
1976-1980	16.55%	26.06%	1986-1990	7.95%	10.52%
1977-1981	12.24%	20.38%	1987-1991	12.14%	13.05%
5년 평균 수익률	13.99%	19.15%	5년 평균 수익률	17.64%	19.62%
S&P500 평균 5년 수익률	7.02%		S&P500 평균 5년 수익률	16.50%	

금리 급등기에 가치주의 실적이 좋았던 이유는?

다음 인플레이션 도표는 바로 앞의 금리 도표와 어떻게 거의 똑같은 패턴을 나타내는지 보여준다. 이것은 아주 명백하다. 인플레이션과 금리 모두 경제 성장기에 상승하는 경향이 있기 때문이다.

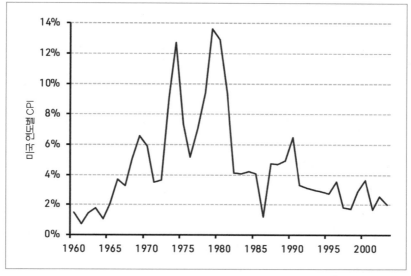

미국 소비자 물가 지수(CPI) 연도별 상승률 (1953~2003년)

출처 : 스트레테가스

　금리가 오를 때 주가수익률이 낮은 종목과 고배당 종목이 선전한다
는 말은 얼핏 수긍되지 않는다. 그 이유는 시장의 주가수익률 배수를
추적한 다음 도표에서 찾을 수 있다.

　금리가 상승하면 주가수익률 배수는 하락하고, 금리가 하락하면 주
가수익률 배수는 상승한다. 그 결과 주가수익률 배수가 하락할 때 가
치주 실적이 더 좋아지는 것이다. 따라서 주가수익률 도표는 흡사 금
리 도표를 뒤집어 놓은 듯하다.

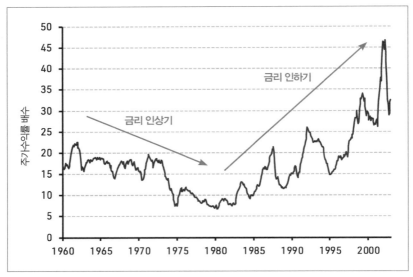

S&P500 주가수익률 배수

금리 인상기

금리 인하기

출처 : SCCM

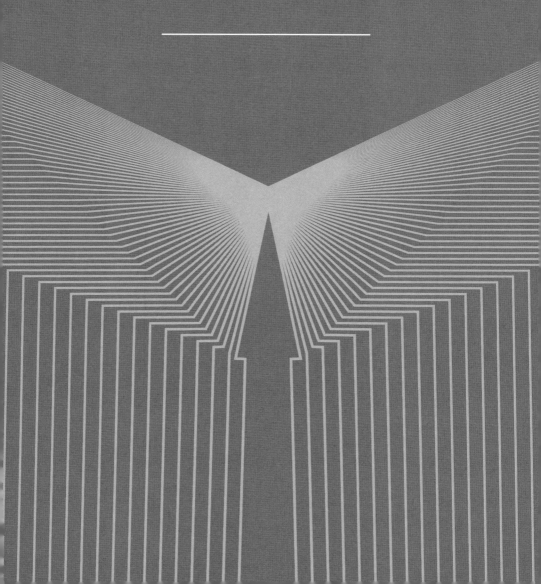

데이터로
돈의 패턴을
읽다

주식시장에 입문하는 독자들에게는 지금 나오는 내용이 가장 흥미로울 것이다. 우리는 알버트 아인슈타인Albert Einstein이 '세계에서 여덟 번째 불가사의'라고 지칭한 복리를 살펴보고자 한다. 복리는 '주식 소유의 거대한 기적'이라고도 불린다.

하지만 복리는 월스트리트에서 큰 관심을 받지 못한다. 월스트리트의 관심은 대부분 비트코인이나 밈 주식, FANG 주식의 거친 변동성, 그리고 워싱턴 정가의 다음 관심사가 무엇일지 추측하는 데 쏠려 있다.

학교에서 역시 복리의 중요성을 강조하지도, 개인 금융계획에 대해 의미 있는 지침을 제공하지도 않는다. 하지만 학생들은 8장에서 다룬 플로리다 의사 사례에서 교훈을 얻는 등 책을 통해 도움을 받을 수 있다.

이런 사례를 통해 소액으로 시작해 매년 조금씩 투자금을 늘려가며 장기 투자 원칙을 고수하면, 극적인 수익으로 이어진다는 것을 깨닫게 될 것이다. 이것이 바로 복리의 마법이다.

다음 세 가지 사례는 복리의 힘을 보여준다.

•14세 청소년

가정 : 1,000달러로 시작

연간 수익률 : 10%

연간 투자금 : 1,040달러로 시작해 처음 10년간 매주 20달러씩,

이후 매년 1만 달러씩

이 사례에서 10대 청소년은 14세에 1,000달러로 투자를 시작한다. 아마도 추수감사절이나 크리스마스에 이모나 삼촌, 조부모로부터 받은 용돈일 것이다. 이 금액을 투자하고 연간 10%의 수익을 낸다. 20대 중반이 될 때까지 처음 10년간은 매주 20달러씩, 취업 후에는 매년 1만 달러씩 투자를 지속한다.

이 투자를 80세까지 이어간다면 수익금은 2,400만 달러를 초과한다.

나 이	가 치
14	1,080 달러
20	8,756 달러
30	101,115 달러
40	437,577 달러
50	1,310,273 달러
60	3,573,823 달러
70	9,444,888 달러
80	24,672,918 달러

이 사례의 청년은 25세부터 돈을 벌기 시작한다. 지금까지 아르바이트와 용돈 등으로 5만 달러를 모았다.

25세부터 80세까지 매년 1만 달러를 투자할 경우, 수익금은 약 3,100만 달러가 된다.

나 이	가 치
25	54,000 달러
30	131,577 달러
40	516,587 달러
50	1,582,362 달러
60	4,454,863 달러
70	11,905,390 달러
80	31,230,139 달러

이 사례에서 부부는 저축액이 어느 정도 있었지만, 추가로 좀 더 모으길 원했다.

연간 수익률 10%에 20만 달러로 투자를 시작해 이후 80세까지 매년 3만 달러를 투자하면, 수익금은 1,700만 달러 이상으로 커진다.

나 이	가 치
40	216,000 달러
50	707,497 달러
60	2,361,000 달러
70	6,649,761 달러
80	17,703,772 달러

투자하지 않을 '이유'

투자를 시작하길 원하는 사람에게 또 한 가지 걸림돌은, 현재 시점이 투자에 적절한 시기가 아닌 것 같다는 생각이다. 시장은 너무 비싸 보일 수 있고, 경제적·정치적 환경이 특별히 부정적이거나 불확실해 보일 수도 있다.

메릴린치에 입사해 월스트리트에서의 첫 커리어를 시작했을 때, 잠재적 투자자를 설득해서 투자를 시작하도록 하는 건 항상 어려운 일이었다.

그때 오랜 경력의 한 선배에게 도움을 받았다. 그는 내게 1934년부터 1990년까지 연도별 상황이 적힌 목록을 건넸다. 거기에는 해마다 투자하면 안 되는 굵직한 이유가 존재했다.

1990년 이후 31년이 지난 지금도 상황은 크게 바뀌지 않았다. 매년 또 다른 이유가 존재했다.

2021년 시장은 너무 비싸 보일 수 있었고, 2020년 시장은 코로나19 팬데믹과 논란의 중심에 선 대통령 선거가 있었다. 하지만 실적에 힘입어 주식시장은 꾸준히 상승했다.

투자하지 않을 '이유'는 항상 존재한다

1934	불황	1963	케네디 암살
1935	스페인 내전	1964	통킹만 사건
1936	여전히 어려운 경제 상황	1965	시민권 주창 가두시위
1937	경기 침체	1966	베트남전 확대
1938	전운이 감도는 상황	1967	뉴어크 인종 폭동
1939	유럽에서의 전쟁	1968	푸에블로호(USS Pueblo) 나포
1940	프랑스 패배	1969	통화 긴축 – 시장 최고조
1941	진주만 공격	1970	캄보디아 침공 – 베트남전 확대
1942	전시 물가 통제	1971	임금 및 물가 동결
1943	산업동원	1972	역대 최악의 미국 무역 적자
1944	소비재 부족	1973	에너지 위기
1945	전후 경기 침체 예상	1974	40년 만에 가장 큰 폭의 증시 하락
1946	다우지수 200 돌파, 지나치게 비싼 시장	1975	부정적 경제 전망
1947	냉전 시작	1976	경제 회복 둔화
1948	베를린 봉쇄	1977	증시 폭락
1949	러시아 원자폭탄 실험 성공	1978	금리 인상
1950	한국전쟁	1979	석유 가격 급등
1951	초과이익세 징수	1980	금리 사상 최고치
1952	미국 강철산업 장악	1981	극심한 불황 시작
1953	러시아 수소폭탄 실험 성공	1982	40년 만 최악의 경기 침체
1954	다우지수 300 돌파, 지나치게 비싼 시장	1983	증시 신기록
1955	아이젠하워 와병	1984	역대 최악의 연방 재정적자
1956	수에즈 위기	1985	경제 성장 둔화
1957	러시아 인공위성 '스푸트니크'발사	1986	다우지수 2,000 근접
1958	경기 침체	1987	역대 최악의 증시 폭락
1959	카스트로 쿠바 집권	1988	선거
1960	러시아 U-2 정찰기 격추	1989	10월 '작은 충돌(Mini-Crash)'
1961	베를린 장벽 건설	1990	페르시아 걸프만 위기
1962	쿠바 미사일 위기		

출처 : SCCM

"언제나 지금이 투자하기 가장 어려운 때다."

_버나드 만스 바루크(Bernard Mannes Baruch), 대통령 자문위원 출신 재무분석가

타이밍이 중요할까?

투자를 시작하는 시기는 언제가 가장 좋을까?

존 템플턴은 1969년부터 1991년까지 22년의 기간을 조사한 결과, 저점에서 투자하든 고점에서 투자하든 수익률 차이는 고작 1%에 불과한 것으로 나타났다. 따라서 투자에서 중요한 건 일단 시작하는 것, 그리고 순환하는 시장과 신문 머리기사에 흔들리지 않는 것이다.

요컨대, 부를 쌓는 열쇠는 일단 시작하고, 가격 원칙을 지키며 꾸준히 투자하고, 그 과정을 유지하는 데 있다.

투자에서 꼭 기억해야 할 3가지

1. 3가지 원칙인 주가수익률, 주가순자산율, 배당수익에 따라 투자하면 시간이 지남에 따라 큰 이득을 보게 된다.
2. 5년의 법칙 : 5년 이상의 장기 가치투자는 시장의 연간 변동성을 줄이는 데 크게 기여한다.
3. 투자자는 마켓 타이밍에 대한 유혹을 끊임없이 경계해야 한다.

'가치투자 3가지 원칙'을 위한 계산법
(2장 참고용)

주가수익률 기준 상/하위 20%

해당 연도(n년) 12월 31일 기준으로 S&P500 모든 종목이 12월 31일 종가를 특별손익계정과 사업폐지계정을 제외한 기본 주당순이익으로 나눈 것이다. (Price/Earnings)

즉, 주가를 한 주당 당기순이익으로 나누어 주가가 한 주당 순이익의 몇 배가 되는지를 나타내는 지표다. 주가수익률(PER; price earning ratio)의 비율이 크면 기업의 이익에 비해 주가가 높은 것이고, 비율이 작으면 주가가 이익에 비해서 낮다.

주가수익률에 따라 5분위로 순위가 매겨진다. 두 개 이상 기업 간 주가수익률이 같으면 현재 위치에서 알파벳 순으로 정렬한다.

주가수익률 기준 상위 20%는 가장 높은 주가수익률이다. 주가수익률 기준 하위 20%는 가장 낮은 주가수익률이다.

주가순자산율 기준 상/하위 20%

해당 연도(n년) 12월 31일 기준으로 S&P500 모든 종목이 12월 31일 종가를 해당 연도에 보고된 주당 순자산으로 나눈 값이다. (Price/Book)

즉, 주가를 주당순자산으로 나눈 비율이다. 순자산은 회사를 청산할 때 주주가 받을 수 있는 가치를 뜻한다. 수치가 1배보다 낮으면 주가가 청산가치보다 못하다는 의미다.

주가순자산율에 따라 5분위로 순위가 매겨진다.

두 개 이상 기업 간 주가순자산율이 같으면 현재 위치에서 알파벳순으로 정렬한다.

주가순자산율 기준 상위 20%는 가장 높은 주가순자산율이다. 주가순자산율 기준 하위 20%는 가장 낮은 주가순자산율이다.

배당수익률 기준 상위 20%

해당 연도에 지급된 주당 현금 배당금을 12월 31일 종가로 나눈 금액이다. (Price-Dividend Yield)

즉, 투자자금에 대하여 배당이 어느 정도 되는가를 나타내는 비율로 배당금을 현재 주가로 나눈 값이다. 배당률과 배당수익률이 다른 것은 주가가 액면가와 괴리가 생기기 때문이다.

해당 연도 배당수익률에 따라 5분위로 순위가 매겨진다.

해당 연도에 배당금을 전혀 지급하지 않은 기업의 배당수익률은 0.0%로 표기한다. 두 개 이상 기업 간 배당수익률이 같으면 현재 위치에서 알파벳 순으로 정렬한다. 각 5분위의 n+1년 수익은 각 5분위에 속한 기업의 n+1년 총수익의 평균값이다. 배당수익률 기준 상위 20%는 가장 높은 배당수익률이다.

▌ 감사의 말 ▌

먼저 3년간 묵묵히 지지해준 아내 게일Gail에게 감사의 말을 전한다. 지난 3년 동안 아내는 사무실 폐쇄, 도시 봉쇄 등 예기치 못한 우여곡절을 겪어야 했다. 깊은 인내심이 필요한 시간이었다.

책에 관해서라면, 우선 이 책을 처음부터 끝까지 타자로 쳐서 옮겨준 애슐리 힉스Ashley Hicks에게 감사를 표하고 싶다. 작가로서 나는 컴퓨터에 타자로 치지도, 그 유명한 '노란 패드yellow pad'에 손으로 적지도 않았다. 그저 내 생각을 말로 풀어낸 것 뿐이다. 이게 가능해지려면 내가 말하는 속도대로 타자로 빨리 옮겨줄 사람이 필요했다. 애슐리는 그 역할을 훌륭하게 수행해주었다.

쉐퍼 쿨렌의 스테픈 오네일Stephen O'Neil은 최종 초안을 검토하는 데 많은 도움을 주었다. 편집자가 지구 반대편에 있어 작업 시차가 존재했음에도 스테픈과 애슐리는 편집자를 도와 다양한 변화를 만들어내는 데 일조했다.

지난 20년간 시황 소식 발행의 편집을 맡아준 랜덤하우스Random House의 그랜트 우지푸사Grant Ujifusa에게도 깊은 감사를 전한다. 그는 이 책의 집필 시작부터 끝까지 전 과정에서 큰 힘이 되어주었다.

적합한 출판사를 선택하는 것도 무척 중요하다. 꽤 많은 출판사와 인터뷰를 진행한 끝에 금융 서적을 전문으로 출판하는 해리만 하우스 Harriman House를 최종 선택했다. 이곳을 선택한 가장 큰 이유는 크레이그 피어스Craig Pearce가 편집자로 내정됐기 때문이었다. 그와 함께 한 작업 과정은 아주 만족스러웠고, 우리는 놀라운 결과물을 만들어 냈다.

책의 재무 관련 수치 작업을 맡아준 쉬퍼 쿨렌 CFA 에드 머피Ed Murphy, 책의 배경 정보를 조사해준 쉬퍼 쿨렌 CFA 아누카 라우다트 Anuca Laudat와 마이크 갤런트Mike Gallant에게도 특별한 감사를 전하고 싶다. 이와 함께 수많은 도표 작업을 성실히 수행해준 제이슨 스타인버 그Jason Steinberg에게도 감사를 표한다.

옮긴이 **최윤영**

한국외국어대학교를 졸업하고 동 대학교 통번역대학원 한영과를 수료했다. 출판번역
에이전시 글로하나에서 영어 전문번역가 및 기획자로 활동하고 있다. 마케팅 기업에서
컨설턴트로 활동했으며 현재 블록체인 전문매체 코인데스크코리아의 외신번역을 맡고
있다. 역서로는《오늘부터 팀장입니다》《두려움 없는 조직》《나를 함부로 판단할 수 없
다》《권력의 원리》등 다수가 있다.

돈의 패턴

1판 1쇄 인쇄 2023년 1월 11일
1판 1쇄 발행 2023년 1월 18일

지은이 짐 쿨렌
발행인 김태웅
편집주간 박지호　　　　　　　**기획편집** 이미순, 유효주
표지 디자인 섬세한 곰　　　　　**본문 디자인** 금목서향
마케팅 총괄 나재승　　　　　　**마케팅** 서재욱, 오승수
온라인 마케팅 김철영, 이제령
인터넷 관리 김상규
제작 현대순
총무 윤선미, 안서현, 지이슬　　**관리** 김훈희, 이국희, 김승훈, 최국호

발행처 ㈜동양북스
등록 제2014-000055호
주소 서울시 마포구 동교로22길 14(04030)
구입 문의 (02)337-1737 **팩스** (02)334-6624
내용 문의 (02)337-1763 **이메일** dymg98@naver.com

ISBN 979-11-5768-844-9 03320